EIFELER MÄRCHENBUCHKARTE

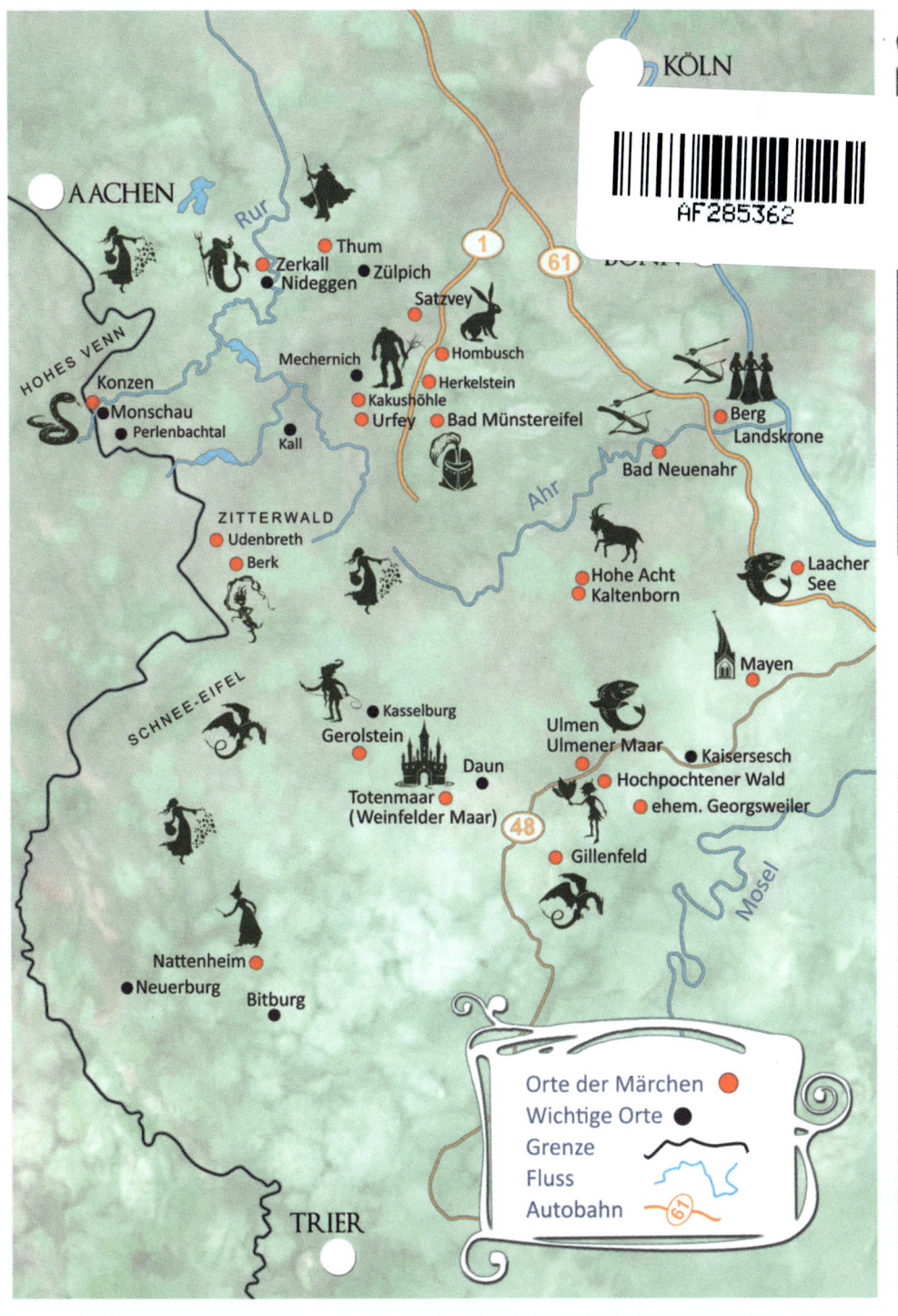

KÖLN

AACHEN

Rur

Thum
Zerkall
Nideggen · Zülpich
Satzvey

1
61
BONN

HOHES VENN

Konzen
Monschau
Perlenbachtal
Kall

Mechernich
Hombusch
Herkelstein
Kakushöhle
Urfey · Bad Münstereifel

Ahr

Berg
Landskrone

Bad Neuenahr

ZITTERWALD
Udenbreth
Berk

Hohe Acht
Kaltenborn

Laacher
See

Mayen

SCHNEE-EIFEL

Kasselburg
Gerolstein

Daun

Ulmen
Ulmener Maar

Kaisersesch
Hochpochtener Wald
ehem. Georgsweiler

Totenmaar
(Weinfelder Maar)

48

Gillenfeld

Mosel

Nattenheim
Neuerburg
Bitburg

TRIER

Orte der Märchen ●
Wichtige Orte ●
Grenze
Fluss
Autobahn

Mira Lob

Das Eifeler Märchenbuch

Sagen, Legenden und Märchen
aus der Eifel neu erzählt

marzellen
verlag köln

Bibliografische Information der Deutschen Nationalbibliothek
Die Deutsche Nationalbibliothek verzeichnet diese Publikation
in der Deutschen Nationalbibliografie;
detaillierte bibliografische Daten sind im Internet
über http://dnb.ddb.de abrufbar.

© 2022 Marzellen Verlag GmbH, Köln
3. Auflage, 2026

Umschlag und alle Illustrationen: Mira Lob
Satz/Layout: Redaktionsbüro Tewes, Köln
Druck: Druckerei Florjancic, Maribor
Alle Rechte vorbehalten.
Printed in EU.
ISBN 978-3-937795-41-6

www.marzellen-verlag.de

Inhalt

Es war einmal...

Die Sagen, Legenden und Geschichten in der Eifel sind jahrhundertealt und doch zum Greifen nah. Immer wieder wurden sie im Volksmund weitererzählt und irgendwann aufgeschrieben. So zeigen sie eine wunderbare Sagen- und Erzählungswelt über die Jahrhunderte auf.

Die Schauplätze des ‚Eifeler Märchenbuches' könnt ihr auch heute noch besichtigen und dort viel über die Vergangenheit des jeweiligen Ortes erfahren. Am Ende jedes Märchens wird auf einem solchen Pergament erklärt, welche Orte aus den Geschichten ihr euch heute noch anschauen könnt. Jedes Märchen hat sein eigenes Symbol, das ihr auf dem Lageplan im Einband des Buches wiederfindet. So könnt ihr euch selbst auf Zeitreise begeben und den Spuren der Eifeler Geschichten folgen.

Die Neunhollen

(Hochpochtener Wald bei Kaisersesch/Ulmen, Georgsweiler)

Zwischen Ulmen und Kaisersesch liegt ein altes, dichtes Waldgebiet, das von vielen klaren Bächen durchzogen wird. Das ist der Hochpochtener Wald. Hier war einst die Heimat der Neunhollen. Die Neunhollen waren ganz kleine Wichte, die ein wenig wie Holz- und Moosmännchen ausschauten und auch den Kräuterwichteln ähnlich waren, von denen überall in der Eifel erzählt wird. Aufopferungsvoll kümmerten sie sich um Gräser und Pflanzen der Eifel, hegten und pflegten sie nach Leibeskräften.

Im Frühling und Sommer wohnten sie ungestört im Wald. Kaum jemand bekam sie zu Gesicht. Wenn es aber Winter und kalt wurde, dann kamen sie aus ihren Verstecken heraus und hüpften so lange auf den Feldern hin und her, bis sie der Wind mit sich fortwehte. Der brachte sie dann zu den Dörfern und Höfen im Tal, wo die Wichtel ihr Winterquartier bezogen.

So kam es, dass die Neunhollen mit einem kräftigen Herbststurm auf den Hof des Bauern Anton in Georgsweiler gepustet wurden. Die Stube des großen Bauernhauses war warm und gemütlich. Der alte Anton und seine Frau Hilde waren freundliche Menschen, die nichts gegen gute Hausgeister hatten. Dort ließ sich der Winter viel angenehmer verbringen als im verschneiten Wald. Besonders gern saßen die Wichtel in der Küche am Herd, was sie aber meistens nachts taten, denn sie wollten im Geheimen leben. Tagsüber schliefen sie in einer warmen, dunklen Ecke über dem Backofen.

Dafür, dass sie es so bequem und behaglich hatten, taten die kleinen Gesellen ihren Gastgebern viel Gutes. Bei Nacht hüteten sie das Feuer im Ofen und machten sich in Haus und Hof nützlich, wo sie nur konnten. Auch brachten sie aus dem Wald Kräuter mit, die sie unter die Küchenkräuter

und ins Essen der Bauersleute mischten. Oder sie gaben diese den Tieren im Stall, sodass sich alle bester Gesundheit erfreuten.

Besonderen Spaß hatten sie, wenn sie dem alten Anton heimlich etwas Maikraut in den Pfeifentabak mischten. Die Pfeife verbreitete dann einen wunderbaren Duft in der ganzen Stube. Der gute Mann war immer ganz überrascht. „Was habe ich doch wieder für einen hervorragenden Tabak erstanden", rief er da und genoss sein Pfeifchen ganz besonders. Im Stillen wussten die Bauersleute natürlich längst von ihren „Untermietern", aber sie schwiegen und lächelten nur darüber, denn sie hatten die Neunhollen gern auf dem Hof.

Wurde es Frühling, verschwanden die Zwerglein wieder. Während Anton und Hilde die Osterlämmchen auf die Weide brachten, streckten die kleinen Wichtel ihre Finger in den Wind. Schließlich musste der aus der richtigen Richtung kommen und stark genug sein. Und hui, wenn der ordentlich blies, dann waren sie fortgeweht. So ging das Jahr für Jahr. Die Neunhollen kamen im Winter und sorgten sich um die Bauersleute. Diese wiederum freuten sich, wenn ihre Gäste im nächsten Herbst zurückkehrten.

Eines stürmischen Herbsttages, als die Neunhollen sich in Georgsweiler einfanden, vermissten sie jedoch die alten Bauersleute. Auf dem Hof war jetzt eine junge Familie eingezogen, und eine unerfahrene, strenge Bäuerin namens Agathe herrschte in Küche, Stube und Ställen. Sie wollte von den Neunhollen nichts wissen – und so beschlossen die Wichtel, ihr eine Lehre zu erteilen.

Eines Abends bereitete die Hausherrin frischen Teig, denn sie wollte am nächsten Tag Brote backen. Über Nacht sollten die Teiglinge aufgehen, um am Morgen sogleich in den Backofen geschoben zu werden. In jener Nacht nahmen die Neunhollen ihr das Handwerk ab. Sie stemmten die Brote in den Ofen, noch bevor der Hahn gekräht hatte, und legten sie, nachdem sie knusprig gebacken waren, auf die finstere Treppe. Kichernd versteckten sie sich und warteten darauf, dass es Morgen wurde. Schon kam die Bäuerin

müde und verschlafen die Treppe hinuntergetapst, rutschte auf dem ersten Brotlaib aus und polterte mitsamt dem Backwerk bis in die Stube. Das Gelächter der Hausgeister war groß und ebenso das Durcheinander im Bauernhaus.

Schimpfend und zeternd verfluchte Agathe da die Neunhollen und wurde noch gemeiner zu ihnen. Die Neunhollen hätten das wohl ertragen, wäre nicht der Dreikönigstag gekommen. Am Abend klopfte eine arme, hungernde Frau mit ihrem kranken, kleinen Jungen an das Hoftor. Der Junge hatte sich aus Papier eine Krone gebastelt und hielt einen Stern auf einem Ästchen, damit er wie ein König aussah. Die beiden beteten und sangen zu diesem Feiertag und baten um etwas Essen gegen den ärgsten Hunger. Aber die geizige Agathe wollte sich nicht erweichen lassen. Sie schickte die beiden fort, obwohl ihre Speisekammer voller guter Dinge war: Viele Feldfrüchte, Getreide und sogar Fleisch und Würste warteten dort, gegessen zu werden.

Da wurden die Neunhollen böse. „Wäre es denn zu viel verlangt, dem armen Jungen wenigstens einen Apfel zu schenken? Oder der Mutter ein wenig Korn zu spenden, damit sie etwas Brei kochen könnte?", riefen sie durcheinander. Die Wichtel brausten schrecklich auf und knurrten fürchterlich. In der Stube rannten sie wie kleine Blitze hin und her, warfen alles um und schmissen die Essensvorräte in der Vorratskammer auf den Boden.

Außer sich vor Wut steckten die Neunhollen an diesem Abend sogar die Küche in Brand. Sie schütteten die Asche aus dem Ofen ins Zimmer, dass alles ganz schwarz wurde, und verschwanden allesamt durch den Kamin des Hauses.

Durch den Tumult in der Stube lief der ganze Hof zusammen. So mancher Knecht freute sich heimlich, dass die Waldmännchen der herzlosen Bäuerin eine Lektion erteilt hatten. Diese aber hatte sich in ihrer Kammer eingeschlossen, weinte bitterlich und bat die Geister des Waldes um Vergebung für ihr scheußliches Benehmen. Doch die Neunhollen waren nicht mehr zu sehen. Seit jenem Winter sind die Zwerglein nicht mehr nach Georgsweiler zurückgekehrt. Agathe hingegen hat die Wichtel nie vergessen und war fortan für ihre Güte und Großherzigkeit bekannt.

Armut und Hunger waren in der Eifel lange ein verbreitetes Übel. Die Region galt als eine der ärmsten Gegenden Deutschlands. Die Bezeichnungen „Rheinisches Sibirien", „Rheinisches Irland" oder „Armenhaus Deutschlands" zeigen, dass durch raues Klima und abgelegene Lagen die Armut die Gegend beherrschte.

Das Eifel-Klima ist allgemein kälter und die Böden auf den öden und steinigen Höhenlagen unfruchtbar. Viele Eifeler waren auf die Wälder angewiesen, wo sie Bucheckern sammelten, um daraus Öl zu pressen und ihre Tiere damit zu füttern. So mancher musste im Winter frieren und hungern, wenn das Holz und die Lebensmittelvorräte nicht ausreichten. Viele hielten in den Eifeldörfern dann zusammen und gaben den Notleidenden etwas ab. Die Geschichte der Neunhollen erinnert noch heute an die Tugend, in der Not mit anderen Menschen zu teilen.

Vom Wassermann an der Rur

(Zerkall bei Nideggen)

Unterhalb der Berge der Nordeifel bahnt sich ein kleiner aber kräftiger Fluss seinen Lauf durch die Täler: die Rur. Rauschend schickt sie ihre Wasser am Berg der Burg Nideggen und an den kleinen Dörfern im Tal vorbei. Eines dieser Dörfer ist Zerkall. Vor dessen Toren gleich am Ufer der Rur liegt eine Wiese. „Nussester" nannten die Leute die von einer Hecke umrahmte Lichtung. Auf ihr standen prächtige, alte Nussbäume. Zwar schien der Nussester ein friedlicher Ort zu sein, doch die Bewohner von Zerkall waren sicher, dass es hier nicht mit rechten Dingen zuging.

Dort lebten vor langer Zeit die Schwestern Cordula, Regula und Wendula. Obwohl ihre Namen so ähnlich waren, unterschieden sich die drei Mädchen deutlich voneinander. Cordulas langes Haar war pechschwarz. Sie war die Älteste, handelte stets bedacht und war bescheiden. Regulas Haar fiel kastanienbraun über ihre Schultern. Sie war die zweite Schwester, sparsam und streng. Die Jüngste war Wendula. Ihr Schopf lockte sich kupfergolden um ihr Gesicht. Sie war die Wildeste und niemand konnte sie zähmen.

Die Schwestern waren fröhliche Kinder und verbrachten ihre Zeit am liebsten damit, sich im Tanz zu drehen und auf den Wiesen zu springen. Viel Freude hatten sie, wenn sie beim Tanzen einen alten Kinderreim sangen.

„Neck! Neck!
Kengerschreck!
Henge de Heck!
Schääle Jeck!
Botte on Weck!
Eier met Speck!
Neck! Neck!"

Die Eltern sahen das nicht gern, denn sie fürchteten, dass es ihre Kinder etwas übertrieben. Allzu oft rief der Vater seine Mädchen mit einem strengen Blick zurück ins Haus. Deshalb liefen die drei manchmal ganz allein zum Nussester, um dort ungestört zu tanzen.

Eines schönen Frühlingsabends, als Cordula heimlich auf der Wiese tanzte, bemerkte sie, dass sie nicht allein war. Nicht weit von ihr am Ufer der Rur saß eine Gestalt. Sie schaute in die rauschenden Fluten und ihre schuppige Haut schimmerte grünlich im Sonnenlicht. Ihr weißes Haar war so lang wie ihr Bart und fiel wie ein Wasserfall über ihren starken Rücken. „Das ist der Neck! Der Wassermann!", dachte Cordula und erschrak beim Gedanken an den mächtigen und geheimnisvollen Herrscher des Wassers.

Der Wassermann aber winkte sie freundlich zu sich herüber. Alle Ermahnungen der Eltern vom Spuk des Nussesters waren rasch vergessen. Der Herr der Rur sprach gütig: „Wie schön du und deine Schwerstern immer tanzen. Das erfreut mein altes Herz. Ihr singt da über mich, den Neck, nicht wahr? Doch sag', was bedeutet ‚Eier und Speck'? Das verstehe ich nicht."

Cordula lächelte und erklärte, was dieses Essen bedeute. Sie bot an, die Speise einmal mitzubringen. Das freute den Wassermann, aber er lehnte das Angebot ab und bat stattdessen: „Du hast so wunderbare blaue Schuhe, mein Kind. Solche wünscht sich meine Tochter, das Flussmädchen. Sie hat

zwar Flossen, aber gerade deswegen möchte sie diese wunderbaren Schuhe haben. Ich kann dir dafür Kiesel und Muscheln geben."

Cordula hatte ein weiches Herz und wollte das Wassermädchen glücklich machen. Sie löste die Schnallen, als unter den Wellen am Flussufer eine zweite Gestalt aus dem Wasser auftauchte. Ein blasses, kluges Gesicht kam unter einem Bündel Schilf heraufgeschwommen. Das war die schöne Tochter des Wassermanns. Cordula gab dem Mädchen ihre kostbaren Schuhe. Da freute sich das Wassermädchen sehr. Ohne ein Wort aber mit einem fröhlichen Lachen verschwand es wieder in der Rur.

Der Wassermann dankte Cordula und füllte ihre Taschen mit Kieselsteinen und Flussmuscheln. Die waren sehr schwer. Das Mädchen konnte sie kaum tragen, aber es dankte dem Neck trotzdem freundlich.

Da überlegte der Wassermann kurz. „Kann ich Dir noch einen anderen Wunsch erfüllen?", fragte er. Das Kind dachte nach und sagte: „Manchmal wünschte ich mir, ich könnte mich in ein Reh verwandeln. Dann würde niemand bemerken, wie gern ich springe, hüpfe und tanze."

Der Wassermann lachte: „Ich verrate Dir, wie das geht", und flüsterte ihr den geheimen Zauberspruch ins Ohr. So machte sich Cordula mit ihren Gaben in den Taschen und einem Zauber im Herzen auf den Heimweg. Daheim bemerkte sie, dass die Geschenke sich auf wundersame Weise verwandelt hatten: All ihre Taschen waren voller Goldstücke und Perlen. Sie versteckte den Schatz und schwieg über alles, was geschehen war. Ab und an schlich sie des Nachts aus dem Haus, verwandelte sich in ein Reh und sprang und tanzte auf dem Nussester.

Eines Tages ergab es sich, dass auch Regula beim Tanz auf der Nussbaumwiese den Wassermann traf. Lächelnd winkte er sie zu sich hin. Regula aber traute dem fremden Wesen nicht und hielt einige Schritte von ihm entfernt an. Da lobte der Wassermann auch die zweite Schwester für ihren schönen Tanz und den lustigen Reim über den Neck aus der Rur.

Das linderte Regulas Zweifel und sie wagte sich näher ans Ufer. Diesmal fragte der König des Flusses, was „Botte on Weck" bedeute. Regula erklärte, was Milch, Butter und Wecken sind.

Währenddessen tauchte die Tochter des Wassermanns aus dem Fluss auf. Sie war ganz versessen auf Regulas kupferne Kette, die sie zu ihrem braunen Kleid um den Hals trug. Schließlich bat der Wassermann Regula für seine Tochter um das Geschmeide.

Die gab es nur zögerlich her, freute sich aber, als sie sah, wie glücklich das Flussmädchen über das Geschenk war. Es war so schön, wie sie sich in den steingrauen Wellen der Rur hin- und herwiegte. Auch Regula bekam zum Dank Kiesel, Muscheln und einen Zauberspruch, denn sie wollte sich in einen Hasen verwandeln können. Aber auf dem Heimweg warf Regula den Großteil ihres Geschenkes weg. Es schien ihr wie eine wertlose Last und so fand sie zu Hause nur wenige Perlen und Goldstückchen in ihren Taschen. Ebenso wie ihre Schwester Cordula behielt auch Regula die Geschichte von der Begegnung mit dem Neck für sich. Ab und an schlich sie sich in mondhellen Nächten aus dem Haus, verwandelte sich in einen Hasen und hüpfte und tanzte auf dem Nussester. Manchmal begegnete ihr ein Reh, das ihr vertraut vorkam, und sie sprangen gemeinsam wie toll herum.

Im Herbst war es schließlich Wendula, die zur Dämmerstunde an der Nussester den Wassermann traf. Die jüngste der drei Schwestern war wüst und ungestüm von Natur und stürzte sogleich singend auf den Neck zu. Auch sie erhielt wie ihre Schwestern zuvor ein Lob für ihren freundlichen Gesang. Dann fragte der Neck: „Es ist so schön, wie ihr immer über mich singt. Doch was bedeutet ‚Kengerschreck' und ‚Schäle Jeck'? Das verstehe ich nicht." Da lachte Wendula den alten Wassermann lauthals aus. Und da sie sich keine Mühe mit einer Erklärung geben wollte, sagte sie nur: „Es bedeutet ‚Kinderschreck' und ‚alter, schielender Narr'!" Dann lachte und spottete sie laut über Menschen, die den Wassermann fürchteten und sagte, es gebe ihn in Wirklichkeit gar nicht.

Wendulas Missachtung machte den Wassermann böse. Er war es nicht gewohnt, beleidigt und ausgelacht zu werden. Er packte die freche Wendula an ihrem lockigen Schopf und tauchte sie in die Wellen der Rur, wo sie versank.

Als das Mädchen nicht mehr nach Hause kam, stürzte das die Familie in Verzweiflung. Alles Rufen und Suchen half nichts. Niemand im Dorf wusste etwas und niemand konnte helfen. Wendula blieb verschwunden. Cordula und Regula verging bald die Freude am Tanzen, Springen und Singen.

Es wurde Winter und Schnee bedeckte die Flussufer, den Wald und die Wiesen, während die Schwestern um Wendula trauerten. Oft gingen sie an das Ufer der Rur, dachten an die fröhlichen Tage auf der Nussester und weinten um ihr Schwesterlein. Eines Tages entdeckten sie bei einem Spaziergang das Flussmädchen. Ihr Fischschwanz tauchte in die Rur und in ihren Händen hielt sie Cordulas blaue Schuhe und Regulas kupferne Halskette.

„Mein Vater hält Wendula tief unten im Fluss in einem gläsernen Palast gefangen, weil er sehr böse auf sie ist", erzählte das Kind des Wassers. „Er sagt, dass ihr tanzen sollt, bis der Schnee auf der Wiese niedergetreten ist, erst dann soll Wendula wieder frei sein." Da kullerten dem Flussmädchen dicke Tränen über die Wangen. „Ich werde mich auf den Weg zu meiner Mutter machen, der großen Meerfrau", schluchzte es, „sie wird den Zorn meines Vaters besänftigen." Bevor das Mädchen wieder in den Fluss abtauchte, gab es Cordula und Regula ihre Sachen zurück und sagte zum Abschied: „Es tut mir leid, dass ich euch eure Schwester noch nicht zurückgeben kann. Bleibt voller Hoffnung."

Trotz ihrer Trauer traten Cordula und Regula fortan jeden Tag in Gestalt eines Rehs und eines Hasen den Schnee auf der Wiese nieder. Aber so viel sie auch tanzten und sprangen, sie schneite immer wieder zu. All ihre Mühe half nichts. Bald verwünschten sie den Tanz, der ihnen nun zum Zwang geworden war. Trotzdem sprangen und bangten die Schwestern, bis ihre Füße müde wurden und der letzte Funken Hoffnung fast verloren war.

An einem schönen Frühlingsabend – der Schnee war längst geschmolzen – klopfte es an der Haustür. Beide Schwestern trauten ihren Augen nicht. Da stand ihre Schwester Wendula vor ihnen. Die Freude im ganzen Hause war unermesslich, und das Dorf feierte ein großes Fest. Am Abend, als die Mädchen vereint in ihrer Stube saßen, berichteten sie von ihren Erlebnissen. Tagein, tagaus hatten sie für ihre Wiederkehr im Nussester getanzt und waren bis zur Erschöpfung gesprungen. Da verstand Wendula, dass sie mehr auf andere achtgeben musste und nicht mehr so vorlaut sein durfte.

Noch oft gingen die drei Schwestern zum Tanzen auf den Nussester. Aber sie schworen sich, fortan immer zusammenzuhalten und ihre Geheimnisse stets miteinander zu teilen.

Die Rur, das Reich des Wassermanns, entspringt in Belgien im Hohen Venn und fließt durch ein großes Gebiet der Nordeifel, bevor sie über die Grenze tritt und in Holland den Weg der Maas kreuzt. Die leitet ihr Wasser dann ins Meer. Es ist also tatsächlich möglich, von Zerkall in der Eifel ins Meer zu gelangen, aber das ist eine sehr weite Reise. Ihr könnt euch den Weg einmal auf einer Landkarte anschauen.

Zu früheren Zeiten gab es in der Rur tatsächlich Schätze, denn dort lebten Flussperlmuscheln. In jeder zweitausendsten Muschel ist eine kostbare Perle zu finden. Im Perlenbach-Furtsbachtal südlich von Monschau an der belgischen Grenze versucht man mit einem Artenschutzprogramm die seltene Muschel in der Eifel zu erhalten.

Die Luftbrücke
(Ahrtal, Landskrone – Bad Neuenahr)

Einst standen auf den Bergen über dem Ahrtal zwei schöne Ritterburgen. Die eine Feste war die Burg Neuenahr des Grafen von Neuenahr. Ihr gegenüber stand auf dem mächtigen Berg, den man Landskrone nennt, die Reichsburg Landskron des Herrn von Landskron. Beide Burgen waren gleich prachtvoll und schön. Die edlen Herren kannten sich gut und waren schon immer beste Freunde. Gerne saßen sie gemeinsam am Kamin und beredeten ihre Geschäfte, aßen im großen Saal und tranken Wein oder gingen im Wald entlang der Ahr auf die Jagd.

Wenn sie sich aber besuchen wollten, dann musste der Eine den ganzen Berg herunterreiten, um dann gleich wieder den steilen Aufstieg zur Nachbarburg zu bezwingen. Der Andere wartete mitunter recht lange, bis der Gast den Berg überwunden hatte. Das war natürlich sehr beschwerlich und mühsam und dauerte zuweilen stundenlang. Besonders bei Dunkelheit, Eis und Schnee oder wenn die Ahr Hochwasser führte, war der Weg kaum zu passieren.

Da sich die beiden Burgherren aber gerne besuchten, beschlossen sie, eine große Brücke zu bauen. Die sollte von der einen zur anderen Burg führen und die beiden Herrschaftssitze miteinander verbinden. Mit großer Kunstfertigkeit machte man sich also an die Errichtung des Bauwerks. Das Ergebnis konnte sich sehen lassen: Die Brücke stand stabil gegen die Naturgewalten an und war wunderschön anzusehen.

Die Freunde waren glücklich. Wann immer sie sich jetzt besuchen wollten, konnten sie schnell beisammen sein. So lebten sie lange glücklich und zufrieden in herzlicher Freundschaft – verbunden durch die stolze Brücke. Doch es kam der Tag, an dem die Burgherren starben – und so wie ihre

Namen in den Geschichtsbüchern verblichen, so fing auch die Brücke an zu bröckeln. Bald wagte es niemand mehr, einen Fuß auf sie zu setzen. Sonne, Wind, Regen, Eis und Schnee ließen Jahr um Jahr das einst so herrschaftliche Bauwerk verfallen. Eines Tages wehte ein heftiger Herbststurm, und die Brücke stürzte krachend ins Tal. Über ihre Steine wuchsen schnell Pflanzen und Gräser – und sie geriet in Vergessenheit.

Lange Jahre später, an einem schönen Tag im Sommer, erblickte die kleine Prinzessin Minea auf der Burg Neuenahr das Licht der Welt. Sie wuchs heran und wurde zu einer schönen jungen Frau, die das Herz jedes Mannes für sich gewinnen konnte. Und ihr Name machte ihr alle Ehre, denn er bedeutet: die Kluge.

Prinzessin Minea saß gelegentlich vor dem Spiegel, um ihr langes, schönes Haar zu kämmen und die kostbarsten Kleider und Schuhe anzuprobieren. Sie verbrachte auch viel Zeit mit ihrer Amme, von der sie die Handarbeitskunst mit Nadel und Faden lernte. Dies tat sie ohne Widerworte und gab sich dabei stets große Mühe. Doch ihr liebster Zeitvertreib war ein anderer. Minea interessierte sich für die Reiterei, die Waffenführung und die Verteidigung ihrer Burg. Sie lernte mit großem Geschick, Pfeil und Bogen zu führen. Schließlich nahm sie sich sogar die schwere Armbrust vor. Da staunte so mancher Ritter. Stolz dachte sie: „Wenn einmal feindliche Heere oder Raubritter die Burg bedrohen, werden die was erleben!"

Ihre Lieblichkeit und Milde wurde durch die ritterliche Beschäftigung aber nicht weniger. So kam es, dass ihr Nachbar, Gerhard von Sinzig auf der Burg Landskron, sein Herz an die Prinzessin verlor. Fortan warb der Verliebte um die Schöne. Bei jedem Fest, das die Nachbarn miteinander feierten, forderte er sie zum Tanz auf und umgarnte sie mit seinen Worten.

Nach einem prächtigen Ball im Winter war Minea ganz leicht ums Herz. Sie konnte an nichts anderes mehr denken als an den edlen Prinzen. Ganz verzückt berichtete sie ihrer weisen, alten Amme davon. Die freute sich und erzählte der Prinzessin gleich die Geschichte von der Brücke, die die beiden

Burgen einst miteinander verbunden hatte. Da ergriff die Prinzessin eine große Sehnsucht. Wie gerne wäre sie leichten Fußes über die Brücke direkt in die Arme ihres Gerhard geschritten.

Aber wenn sie aus ihrem Turmzimmer hinausschaute, sah sie nur das Tal. Eis und Schnee bedeckten die langen, steilen Hänge. Die Wege zu den Burgen waren kaum zu sehen. Ganz in Gedanken fiel die Prinzessin in dieser Nacht in ihrem Himmelbett in einen tiefen Schlummer und träumte von der alten Brücke. Als sie am nächsten Morgen erwachte, hatte sie eine Idee: Entschlossen griff sie zur Armbrust, befestigte ein langes Garn an einem Pfeil und knüpfte einen Ring daran. Das andere Ende des Fadens band sie an einen dicken Pfosten vor der Burg fest. Schnell hatte sie die Armbrust zu Hand, befestigte ein Geschoss in dem schweren Gerät und zielte auf die andere Seite des Tals. „Nun sind die Burgen wieder miteinander verbunden", freute sie sich.

Gerhard freute sich, als er die Botschaft von der anderen Burg fand. Direkt vor seinem Fenster steckte sie im Boden. So band er das Garn ebenfalls auf der Burg Landskron an. Von da an konnten sich die beiden gegenseitig kleine Briefe und Botschaften schicken. Sogar Geschenke fanden so auf wunderbare Weise zu den beiden hin. Die Dinge mussten nur an den Ring gebunden werden und schon konnte man sie über das Tal, die Ahr und den Wald

hinweg hin- und herziehen. Das machte den beiden eine große Freude und sie übten sich eifrig darin.

Mit der Zeit aber wurden ihre Briefe zu lang. So manches Geschenk war zu groß und ließ sich nicht an dem feinen Garn befestigen. Da wurden sich die beiden einig, dass sie heiraten sollten, um immer beisammen zu sein.

Und so kam es. Minea und Gerhard feierten eine prächtige Hochzeit. Man sagt, die kluge Prinzessin und ihr Mann hätten die steinerne Brücke zwischen ihren Burgen wieder aufgebaut. Aber das ist eine andere Geschichte...

Die Geschichte von der Brücke über das Ahrtal ist sehr alt. Die Reichsburg Landskron wurde 1206 erbaut und nur noch ihre Ruinen sind zurückgeblieben. Die Burg Neuenahr ist ganz verfallen. An ihrer Stelle steht der „Lange Köbes" – ein Aussichtsturm.

Von hier aus könnt ihr aber über das Ahrtal schauen, wie es früher einmal die Prinzessin tat, und sehen, wie weit sie ihren Armbrustbolzen schießen musste.

Eine große Brücke steht auch heute noch über dem Ahrtal: Das ist die Ahrtalbrücke, die sich zwischen Bad Neuenahr und Sinzig über das Tal erhebt. Vielleicht seid ihr auch schon einmal mit dem Auto darübergefahren? Sie ist die längste Brücke der ganzen Eifel, und über sie führt die Autobahn 61. An ihrer höchsten Stelle schwebt die Brücke 54 Meter über dem Boden, und sie ist 1521 Meter lang. Über sie kann man sehr bequem und schnell viele Orte in der Eifel erreichen.

Die Eifelriesen
(Eiserfey bei Mechernich)

V or langer Zeit lebte in der Eifel der Riese Kakus, der in einer Höhle in der Nähe des Dorfes Eiserfey hauste. Kakus war ein besonders rauer und grober Geselle unter den Riesen. Er war größer als drei Männer, hatte dichtes, struppiges, dunkles Haar und einen langen, verfilzten Bart. Der hing ihm in ganzen Strängen von seinen Wangen herunter. Man konnte meinen, darin hätten sich allerlei Pflanzen und Getier eingenistet. Er machte sich nichts daraus, sich zu waschen oder zu kämmen. Deshalb sah er immer struppig und schmutzig aus.

Seine Kleidung musste er wohl regelmäßig flicken, denn sie war zerschlissen und löchrig. Doch auch daraus machte er sich nichts und ging lieber seinen riesenhaften Beschäftigungen nach. Der Eifelriese war auch nicht besonders klug oder freundlich. Bevor Kakus etwas sagte, schwang er lieber wild seine Keule und brüllte, dass es im Wald nur so hallte. Daher sprach auch niemand mit ihm, und alle Bewohner der umliegenden Dörfer gingen ihm aus dem Weg.

Außerdem war Kakus so stark, dass es einem Angst und Bange werden konnte. Mit seinen fassdicken Muskelbergen und kürbisgroßen Pranken hob er einen ausgewachsenen Ochsen hoch, als sei der ein junges Kätzchen. Einen Erntewagen schleifte er wie ein Spielzeug hinter sich her, und Bäume bog er so einfach in alle Richtungen wie ein Mensch einen Grashalm. Auch Felsblöcke waren ihm kein Hindernis: Er schleppte sie herum wie der Bauer ein Bündel Heu.

So kam es, dass die Bewohner Eiserfeys über den Riesen manche Schauergeschichte erzählten. Es hieß, wer ihn verärgert, müsse um sein Leben fürchten. Und Kakus war schnell verärgert. Denn so großzügig wie er mit

Muskeln versehen war, so schwach waren seine Nerven. Wenn ihm etwas misslang oder ihm eine Kleinigkeit nicht passte, bekam er einen Wutanfall. Dann schmiss er mit einem Handschlag Felsen um, warf mit Steinblöcken, schüttelte und entwurzelte Bäume und brüllte seinen ganzen Unmut heraus. Die Bauern aus der Umgebung mussten ertragen, dass Kakus so manches Feld verwüstete, wenn ihm danach war. Manchmal trat er einen Baum um oder schüttelte ihn durch, dass er erst Jahre später wieder Früchte trug. Manchmal, wenn der Wilde hungrig war, nahm er auch einfach das Vieh von der Weide mit.

Dabei aß der Riese so viel, dass davon eine Bauernfamilie mitsamt Knechten, Mägden und Kindern satt geworden wäre. Um seine Höhle herum lagen überall Knochen von Tieren, die ihm als Mahlzeit gedient hatten. Mit Aufräumen nahm es der Unhold nicht so genau. Ihm war es egal, was die Menschen über ihn dachten oder wie es in seiner Behausung aussah. In seiner Höhle abseits im Wald störte man Kakus besser nicht. Er war am liebsten allein und verbrachte seine Zeit mit allerlei riesenhaften Dingen, die wir Menschen nicht verstehen. Er nähte sich riesige Schuhe so

groß wie Boote, passte stets auf die Berge und das Wetter auf, warf einfach so zum Spaß Baumstämme durch die Gegend, hörte dem Regen zu, trug Felsbrocken hin und her, erschreckte Kinder und kratzte sich stundenlang am Bart.

Eines Tages geschah es jedoch, dass ein anderer Riese in die Gegend kam. Das sorgte für Aufregung, denn bisher hatte man keinen anderen Riesen außer Kakus in der Eifel gesehen. Der neue Riese hieß Herkules und war über die Berge Frankreichs herübermarschiert. Er war ein ebensolcher Hüne wie der Eifelriese, aber lange nicht so grob und zerzaust. Er war auf der Suche nach einer hübschen Riesenfrau. Auf Brautschau wollte er die Eifel durchwandern und zum Rhein gelangen. Als Herkules in der Eifel auftauchte, wurde Kakus zornig. Gastfreundschaft war dem Eifelunhold ganz und gar fremd. So polterte er wütend um seine Höhle, während er immerzu grummelte: „Was hat der hier zu suchen? Was will der Eindringling hier?" Da erblickte er plötzlich den Fremden, der geradewegs auf Kakus zustapfte.

In seiner Wut kaum zu bremsen, stürmte der Eifelriese auf den Störenfried los. Sein Gebrüll schallte zwischen den Bergen und Wäldern über das ganze Land und war noch einige Täler weiter zu hören. Aber das ganze Gelärme half ihm diesmal nicht, denn Riese Herkules ließ sich davon nicht beeindrucken. So kam es zum Kampf. Der Streit der beiden Unholde war sehr schrecklich und dauerte lange.

Die beiden kannten keine Gnade und schlugen mit Fäusten, Knüppeln und bald mit ganzen ausgerissenen Bäumen aufeinander ein. Kakus schmiss schwere Felsbrocken nach dem Eindringling – und der warf mit Baumstämmen zurück. So bekämpften sie sich Tage und Nächte. Keiner der beiden schien aufgeben zu wollen. Am siebten Tag aber wurde Kakus müde. Da nutzte sein Widersacher die Gelegenheit und zerschmetterte ihm mit einem Felsblock den Schädel. So verlor der Eifelriese sein Leben.

Doch auch Herkules war vom Kampf geschwächt. Schwer getroffen schleppte er sich noch eine Weile dahin bis in die Nähe des Dörfchens Holzheim. Dort

ging er müde in die Knie und tat seinen letzten Atemzug. Die Menschen der Gegend waren froh, dass sie nun kein Riese mehr plagen, ihr Vieh fressen oder ihre Felder zerstören würde. In Erinnerung an Herkules nannten sie die Felsen, an denen er starb, fortan Herkelsteine.

So hatte es mit den Riesen in der Eifel ein Ende, denn man hat bis heute keinen weiteren mehr gesichtet. Damit sind sie für immer für ihren Eigensinn und die ungezügelte Grobheit bestraft worden.

Wenn ihr euch das Zuhause von Kakus, dem Riesen, anschauen wollt, dann besucht doch einmal die Kakushöhle und ihre Nebenhöhlen. Die findet ihr ganz in der Nähe von Eiserfey bei Mechernich. Es ist ein Höhlenverbund, durch den man klettern und wandern kann.

Der Herkelstein ist ein über vierhundert Meter hoher Hügel zwischen den Dörfern Holzheim und Weiler am Berge. Wenn man ihn besteigt, kann man bis nach Köln schauen.

In der Kakus-Sage vermischen sich römische Mythen und der Volksglauben aus der Eifel. Die Römer haben vermutlich die Namen der Riesen Kakus und Herkules in die Eifel gebracht, als sie die Gegend eroberten. „Kakós" ist ein griechisches Wort für „schlecht" oder „böse". Der Eifelriese Herkules hat hingegen mit dem berühmten griechischen Helden aus der Antike keine Ähnlichkeit, auch wenn sein Name darauf schließen lassen könnte. Dieser ist lediglich im Volksmund übertragen worden.

Die Fee vom Veytal
(Veytal bei Mechernich)

Im Veybachtal in Urfey befindet sich die Quelle des Veybachs. Hier lebte vor vielen hundert Jahren die Vey. Sie war eine gutherzige und hilfsbereite Waldfrau, die stets auf die Quelle Acht gab. Der Bach versorgte die Umgebung mit Wasser, und so war die Aufgabe der Hüterin der Quelle eine sehr wichtige. In den Dörfern der Umgebung wurde die Waldfrau auch „Hüterin des Tales" genannt.

Die meisten Leute mochten sie, und sie war für ihre Weisheit hoch angesehen. Auf dem Hennesberg am Rande des Sumpfgebietes im Urfeyer Sack stand ihr kleines Waldhaus. Es war ein ungewöhnliches Gemäuer und sah aus wie eine winzige Burg, ein feines Schloss oder ein heiliger Tempel.

Nachts sah man die Vey oft, wie sie allein durch den Wald streifte. Wenn sich ein Wanderer im Hombusch herumtrieb, stellte sie sich ihm in den Weg und sprach mit ernstem Blick: „Was tust du hier zu so später Stunde? Deine Unachtsamkeit stört die Ruhe der Waldgeister!"

Wenn die Feuer zur Nacht heruntergebrannt waren, erzählte man sich in den kleinen Dörfern so allerhand über die Vey. So soll ihr Waldhaus mit einem Zauber belegt gewesen sein – und es soll eine Brücke zum Billiger Knipp auf der rechten Talseite gehabt haben. Aber das war keine gewöhnliche Brücke aus Stein. Die Menschen erzählten, es sei nur ein Seil gewesen, das die Waldfrau zu gewissen Zeiten über das Tal spannte. Darauf soll sie wie auf einer steinernen Brücke gewandelt sein.

Aber ganz gleich, was man sich in den Stuben erzählte, die Bauern und Leute aus der Umgebung achteten die Vey und schätzten ihre Dienste. Im tiefen Winter, wenn so manches Kind krank im Bett liegen musste, holte

man sie. Einigen brachte sie ihr frisches Wasser und gute Heilkräuter. Viele erwiesen sich ihr gegenüber dankbar und beschenkten sie zuweilen reich für ihre guten Taten.

Daher konnte die Vey ihren sieben Töchtern sieben Wohnsitze schenken. Eine Tochter wohnte bei Urfey, eine bei Eiserfey, eine in der Feenmühle, eine in der Burg Fey, eine in Katzfey, eine in Satzfey und eine in Veynau. Die Familie war glücklich, und alle besuchten sich gern gegenseitig oder trafen sich, um im Wald zu wandern und zu tanzen.

Eines nebligen Mittags im Herbst stieg die Waldfrau, wie sie es gewohnt war, mit Wasserkrügen und ihrem treuen Esel den Weg zur Quelle hinunter. Nur ein schmaler Pfad führte über den morastigen Boden hinein in das Wiesental, wo die Vey-Quelle entspringt. Alles war dicht mit Bäumen und Sträuchern bewachsen. Einige Weiden, hohe Gräser und Schilf versteckten diesen stillen Ort.

Dort verschwand die Vey, und man hat sie von da an niemals wieder gesehen. Niemand wusste, wohin sie gegangen war und warum sie nicht zurückkehrte. Manche sagten, sie wäre im dichten Nebel vom Weg abgekommen und mitsamt ihrem Esel im Moor ertrunken. Andere glaubten, die Waldfrau sei in die Feenwelt gegangen. Denn von dem Tag an, als sie verschwand, erschien im Veytal eine geheimnisvolle, anmutige Gestalt.

Einige Leute erzählten, sie hätten des Nachts eine Fee in kostbaren, weißen Gewändern gesehen. Wie aus schimmernder Seide gewebt und mit tausenden Flussperlen bestickt soll das Kleid der Zauberfrau im Mondschein geglitzert haben. Schmetterlinge hätten ihr Tuch nicht schöner weben können, so fein sollen ihre Schleier im Wind ihre zarte Gestalt umspielt haben. Ihr langes Haar trug sie offen, oder sie hatte es am Kopf mit einer schönen Haube bedeckt. Im Morgengrauen, wenn der Tau auf den Wiesen lag und Nebel am plätschernden Bachufer aufstieg, sah man sie manchmal mit sieben jungen Frauen. Besonders im Hombusch und auf den Wiesenflächen am Veybach schienen sie gern zu tanzen.

Wenn der Frühling in der Gegend am schönsten war und der Sophientag im Kalender stand, kam es, dass besonders viele Leute das zauberhafte Wesen durch den Wald und das Tal ziehen sahen. Wer Tiere und Pflanzen ehrte, dem tat sie nichts. Wer sich verirrt hatte, dem erschien sie wunderschön, gab ihren Segen und führte ihn auf den rechten Weg. Wer sich aber im Hombusch, am Bach oder auf seinen Wiesen schlecht benahm, den umstrickte sie mit allerlei angsteinflößenden Trugbildern. Dann rauschte sie als schwarzgekleidete, finstere Alte zwischen den Bäumen umher, um die Unholde in die Flucht zu jagen. So sagte man sich zum Sophientag: „Aufgepasst! Und nicht gelacht! Heut ist Allveyentag!"

Manchmal, so heißt es, verwandelte sie sich in ein Reh oder einen Hasen. Dieser Hase, der für gewöhnlich kein gefährliches oder angsteinflößendes

Tier ist, konnte den Leuten aber Angst und Schrecken einjagen. Er sauste pfeilschnell über den Weg, tauchte plötzlich hinter oder vor einem Wanderer auf, schlug wilde Haken, verfolgte die Leute im Gebüsch, raste wie ein Blitz aus den Bäumen hervor und war sogleich wieder verschwunden. Pferde scheuten vor ihm, und tapfere Wandersleute trauten ihren Augen nicht, wenn sie die leuchtend gelben Augen aus den Büschen hervorblitzen sahen.

Der Bäckergeselle Kau aus Kirchheim aber gab nichts auf das Gerede über die Fee, die den Wald und seine Bewohner vor Unholden beschützte. Er war überall als grob gestrickt bekannt. Das größte Glück bedeutete für ihn, gemütlich ein Pfeifchen zu rauchen. Eines Tages, auf seinem Weg nach Mechernich, wollte er in der Dämmerung eine Pause einlegen. Was gab es da Schöneres, als sich mit der guten Tabakpfeife im Gras am Wegesrand niederzulassen? So zückte Kau seine Streichhölzer, doch bevor er sich versah, wurde es pechschwarze Nacht um ihn herum. Mit einem Schlag stand ihm eine düstere Nebelgestalt gegenüber.

Das war die Fee. Mit drohender Stimme warnte sie ihn: „Siehst du nicht, dass die Wiese trocken und das Laub verdorrt ist? Willst du etwa den ganzen Wald anzünden, du eigensinniger Narr?" Aber Kau glaubte ein Hirngespinst zu sehen und beachtete die Erscheinung nicht. Das machte die strenge Waldhüterin so zornig, dass sie begleitet von dumpfem Donnergroll im Dunkel des Waldes verschwand. Verdutzt und kopfschüttelnd machte Kau sich auf den Heimweg. Sein Pfeifchen hatte er ganz vergessen.

Als er wieder von Mechernich in das von Kiefern umstandene Wolfsloch kam, hatte er erneut Lust, ein Pfeifchen zu rauchen. Er zog es gerade aus dem Hemd, als die Fee wie ein heftiger Sturmwind durch die hohen Tannen zu ihm heruntergefegt kam. Nadeln und Zapfen flogen durch die Luft und dem Gesellen in Gesicht und Mund. Schwarz vor Zorn stieg die Gestalt der Fee vor ihm auf. Dann ließ sie die Bäume gegeneinander krachen und sich unter einem Sturm biegen. Den groben Kau packte nun doch die Angst vor dieser Schreckensgestalt. Er lief, so schnell er konnte, davon.

Als er am Tag darauf wieder an die Stelle zurückging, schritt er ganz vorsichtig den Weg entlang. Sein Pfeifchen hatte er tief in sein Reisebündel vergraben. Doch der Wald schien so, als sei nichts gewesen. Die Tannen standen fest an ihren Plätzen, der Waldboden war unberührt. Hier und da sang sogar ein Vöglein. Doch dem Gesellen war das nicht geheuer. So schlich er vorsichtig den Weg entlang. Den Blick hatte er ständig in den Baumwipfeln, voller Furcht die Fee könnte wiederkehren. Plötzlich kam ein großer Hase, rannte aus dem Dickicht hervor und betrachtete ihn aus einiger Entfernung. Da bekam es der Kau mit der Angst zu tun. Er lief, so schnell ihn seine Füße trugen, nach Hause. Seinen Schreck hat er nie vergessen, und auch sein Pfeifchen zündete er sich nicht mehr im Wald an.

Ob die Vey noch immer den Wald und den Hombusch beschützt, mit ihren Töchtern in den Auen singt oder am Sophientag zwischen den Bäumen umherwandelt, vermag niemand zu sagen. Sicher ist nur: Der Veybach fließt noch immer durch das Veytal und ist die Grenze zu ihrem Reich.

Noch heute tragen die Orte um den Vey-Bach und das Vey-Tal die Namen Urfey, Eiserfey, Feyer Mühle, Burgfey, Katzvey, Satzvey und Veynau und erinnern an die Geschichte der sieben Töchter der Vey.
Der Sophientag, der 15. Mai, ist im bäuerlichen Kalender ein wichtiges Datum. Er markiert den Punkt im Jahr, ab dem man nicht mehr mit Frost rechnet. In der warmen Jahreszeit kann man dann empfindliche Feldfrüchte anpflanzen und muss nicht mehr mit Ernteschäden rechnen. Dieses Wissen war für die Eifelbauern überlebenswichtig. Die Vey bringt den Frühling.

Das Schloss im Totenmaar
(Daun)

Einst stand an der Stelle, wo heute das Weinfelder Maar liegt, ein prunkvolles Schloss. Schlank ragten seine Türme und Zinnen in die Wolken, wo sonst nur Bussarde und Milane ihre Kreise zogen. Das prachtvolle Anwesen gehörte einem Grafen, der für seinen Gerechtigkeitssinn, seine Freundlichkeit und seine Mildtätigkeit bekannt war. Er war jedoch mit einer Frau vermählt worden, die so gar nicht zu ihm passte.

Als Braut war sie zwar schön und sanft, aber sie hatte ein kaltes Herz. Bald schon nach der Hochzeit kannte sie kein Mitgefühl mehr. Ihr wildes Gemüt brach hervor und sie behandelte alle Menschen schlecht. Mit ihrer Herrschsucht erzwang sie die Erfüllung all ihrer Wünsche. Mit gemeinen Worten verletzte sie ihre Untertanen und ihren Mann. Bevor sie einem Armen oder Hungernden etwas vom Brot abgab, trat sie es lieber in den Schmutz.

Der edle Graf war sehr traurig über das Benehmen seiner Frau. Immerzu bat er sie um Barmherzigkeit. Doch nichts half. Ihr Herz blieb hart. Als die Gräfin einen Sohn gebar, der alle Bewohner des Schlosses mit seiner Freundlichkeit erfreute, hofften Knechte, Mägde, Köche, Diener und vor allem der Graf, dass die Schlossherrin die Milde einer jeden Mutter zeigte. Doch die Zeit verging und es änderte sich nichts. Das Kind wurde über die kalte Seele der Mutter bald ebenso traurig wie sein Vater.

Eines Tages, der Winter hatte das Land mit einer Decke aus Schnee und Eis bedeckt, wollte der Graf auf die Jagd gehen. Bei all dem Gram, den ihm die Gräfin bereitete, war ihm dies ein willkommener Zeitvertreib. So ließ er sein schnellstes Pferd Falchert satteln. Das prächtige Tier war flink wie ein Falke, stark und mutig und dem Grafen stets ein zuverlässiger Gefährte. So brach er in der Morgendämmerung in Begleitung seines treuesten Dieners in Richtung Trier auf.

Während sie durch die Wälder streiften, wurde es über dem Schloss langsam dunkel. In der Dämmerung fand sich plötzlich eine traurige Gestalt vor dem Schloss und bat um Einlass. Leise sprach er: „Ich bin ein alter Mann, der nichts mehr hat außer den Kleidern am Leib und großem Hunger." Er schwankte auf seinen dürren Beinen, seine Kleidung war zerlumpt und zerrissen. Mühsam hielt er sich auf einem Stock aufrecht. Noch bevor die Wachen begriffen, was der Alte wollte, sank er vor dem Tor des Schlosses entkräftet zusammen.

Da fragten die Wachen ihre Herrin um Rat, doch die hatte nur Hohn für den Ärmsten übrig. „Geh mir aus den Augen, du schmutziger, alter Bettler!", rief sie barsch. Aber der Mann war zu schwach, um selbst aufzustehen. Da befahl die Unbarmherzige, den Greis in den Kerker zu werfen und seinem Schicksal zu überlassen. Doch bevor die Wachen den Unglücklichen ergreifen konnten, hatte der sich in Luft aufgelöst. Dichter Nebel umhüllte die Türme des Schlosses. Der Wind pfiff durch alle Gänge und Winkel. Er schien die Stimme des Alten zu haben und leise einen Fluch auszusprechen.

Plötzlich donnerte ein tosendes Echo durch die Winternacht, als ob viele tausend Ohren die Worte gehört hätten und alle Geister geweckt worden wären. Bedrohliche Wolken türmten sich über dem Schloss auf und ein eiskalter Wind blies das

34

letzte Herbstlaub von den Bäumen. Ein gewaltiger Blitz schlug in das Schloss ein, dass das ganze Mauerwerk erzitterte. Alles wurde totenstill, und der Himmel war in glühend roten Schein getaucht.

Da wurde es der Gräfin Angst und Bange. So schnell sie konnte lief sie den höchsten Turm hinauf zur Kammer ihres Sohnes. Sie hielt den Knaben fest im Arm und versuchte ihrem Schicksal zu entkommen, doch für eine Flucht war es zu spät: Glühende Äste streckten sich ihr wie Hände entgegen, der Wald und alles ringsum schien wie in Flammen, und auf das Schloss prasselte ein Regen aus glühenden Kohlen. Krachend brach der Boden auf und offenbarte ungeheure Wassermassen aus unergründlichen Tiefen.

Um das Schloss hatte sich ein riesiger Schlund aufgetan, der den Wald zu verschlucken schien. Wie ein untergehendes Schiff versank das prächtige Schloss in den grollenden Fluten. Seinen Glanz, den Prunk und alle Menschen darin nahm es mit sich in die Tiefe. Wo gerade noch der stolze Herrensitz gestanden hatte, war nur ein Kratersee zu sehen.

Unterdessen bemerkte der Graf auf seinem Jagdausflug, dass seine Handschuhe fehlten. Also bat er den Diener, zum Schloss zurückzureiten, um sie zu holen. Als dieser die Stelle erreichte, an der das Schloss gestanden hatte, traute er seinen Augen nicht. Alles war verschwunden. Nur ein stiller See breitete sich vor seinen Augen aus. Unter der Wasseroberfläche konnte er schwach die Umrisse des ehemaligen Stammsitzes erkennen. Fassungslos stand der Diener da, als sein Blick auf ein Bündel fiel, das am Ufer entlangtrieb. Es war ein Weidenkörbchen, das unversehrt geblieben war. Sofort zog der Diener es aus dem Wasser, um nachzusehen, was es in sich barg.

Er sah in das kleine Gesicht des Sohnes des Grafen, der wohlbehalten in seine Decke gewickelt schlief. Er nahm das Kind auf und ritt zurück zu seinem Herrn. Als der Graf hörte, was sein Diener erzählte, wollte er das nicht glauben. „Erst wenn mein treuer Falchert, der mich durch die Winternacht zur Jagd getragen hat, hier aus dem Boden eine Quelle hervorzaubert, glaube ich, was du berichtest", rief er. Im selben Moment begann das Pferd

zu stampfen, bis der Boden unter ihm durchtränkt war von hervorquellendem, sprudelndem Wasser.

Da wurde der Graf blass, ihn packte die Angst, und er lenkte Falchert umgehend heimwärts. An dem Ort angekommen, wo er einst gelebt und regiert hatte, fand er nichts mehr. Bis ins Mark erschüttert stand der Graf eine Weile an dem See, der sich vor seinen Augen ausbreitete. Dann drückte er seinen Sohn, den das Unglück verschont hatte, liebevoll an sich. Er dankte seinem treuen Diener für dessen Rettung und strich seinem guten Pferd über den Hals. So waren ihm diese drei immer noch geblieben. Damit getröstet, konnte er mit ihnen fortgehen und ein neues Leben beginnen. Der See ist seither als Totenmaar bekannt.

In der Eifel gibt es rund 350 große und kleine Vulkane. Die Maare unter ihnen nennt man auch „Augen der Eifel". Viele Mineralwasser- und Kohlensäurequellen der Gegend sind ebenfalls durch Vulkane entstanden. Daher nennt man die Landschaft Vulkaneifel.

Der letzte Ausbruch einer der Feuerberge ist vermutlich einige zehntausend Jahre her. Es gibt einige Museen in der Eifel, die euch den Vulkanismus erklären, darunter das Vulkanmuseum Daun oder Vulkan-Haus Strohn, das Terra Vulcania in Mayen, das Maarmuseum Manderscheid und der Lava-Dome bei Mendig.

Das Weinfelder Maar wurde früher „Totenmaar" genannt – und man sagt, wenn man lange genug in das Wasser schaut, soll man das versunkene Schloss sehen können. Das kann man sehr gut bei einer Wanderung rund um das Maar ausprobieren. Von dem kleinen Aussichtsturm, dem Dronketurm, hat man einen schönen Ausblick über das Totenmaar und das Gemündener Maar.

Der Wolfshirte

(Thum – Voreifel)

Im kleinen Dorf Thum in der Voreifel lebte einst der Bauer Benedikt. Der junge Mann, der von allen im Dorf nur „Ben" gerufen wurde, war sehr beliebt bei seinen Nachbarn. Vor allem die Mädchen des Ortes fanden großen Gefallen an dem stattlichen Bauern. Da er zumeist alleine durch Wald und Wiesen streifte, wo er seine Tiere weiden ließ, hielt man ihn für besonders tapfer.

Denn zu jener Zeit trugen sich in der Gegend schreckliche Dinge zu. Manche Bauern fanden ihr Vieh morgens tot auf den Weiden, oder die Tiere waren in der Nacht ganz verschwunden. So mancher glaubte, die Unglücklichen wären Opfer von Dieben, Wilderern und Raubtieren geworden. Andere munkelten, dahinter stecke ein böser Zauber. Daher entschied der mutige Ben, besonders gut auf seine Tiere achtzugeben. Seine Schafe mit ihren kleinen Lämmchen und die anhänglichen Ziegen waren ihm sehr lieb und teuer. So blieb er stets bei ihnen.

Eines Frühlingsabends war es sehr kühl. Der Hirte zündete sich am Waldrand ein kleines Feuerchen an, um sich zu wärmen und um die Raubtiere fernzuhalten. Die Dämmerung ging in den Abend über und die Ebene versank mit dem Wald langsam im blauen Nachtlicht. Einsam hielt der junge Mann seine stille Wache und schnitzte sich zum Zeitvertreib und zur Verteidigung einen Speer. Als sich der Mond am höchsten Stand befand, bemerkte Ben, dass seine Tiere unruhig wurden.

„Wie merkwürdig sich die Zicklein und Lämmchen benehmen. Sie spüren sicher, dass sich etwas Gefährliches nähert", flüsterte der wachsame Hirte und versteckte sich, mit seinem Speer bewaffnet, schnell im Gebüsch. Erst wollte er sehen, mit wem er es zu tun bekam, bevor er selbst gesehen wurde.

Plötzlich sprang ein Wolf aus dem Wald. Es war ein schlankes, anmutiges Tier. Sein Fell glänzte im Mondlicht hell und seidig. Im Schein des Feuers, das Ben in seiner Eile nicht gelöscht hatte, schimmerte es sogar golden wie die edelsten Stoffe. „Was ist das für ein wunderliches Geschöpf? So etwas Schönes habe ich noch nie gesehen", dachte der Hirte und sein Speer sank ihm aus der Hand.

Auch die Schafe und Ziegen waren verstummt und ehrfürchtig vor dem imposanten Wesen zurückgewichen. Doch der Wolf griff sie nicht an, sondern näherte sich dem Feuer und legte sich auf die Stelle, auf der der junge Bauer zuvor gesessen hatte. Ben wollte seinen Augen nicht trauen, als er sah, dass sich das Raubtier den Pelz abstreifte und in eine wunderschöne Frau verwandelte. Ihr langes, blondes Haar schimmerte so strahlend wie zuvor das Fell des Tieres – und ihr Gesicht war so anmutig wie das einer Prinzessin. Doch der Liebreiz ihrer feinen Gestalt konnte Ben nicht täuschen. Er wusste sogleich, mit wem er es nun zu tun bekommen hatte: Sein später Gast war eine Werwölfin! Menschen, die sich durch Zauber in einen Wolf und wieder zurückverwandeln konnten, verbreiteten überall in der Gegend Angst und Schrecken, und man ließ sie in den Eifeldörfern nie am Leben.

Die junge Frau schien nun aber so zart und friedfertig, dass Ben nicht daran denken konnte, ihr etwas anzutun. Wollte er sich und seine Tiere vor Unheil und bösem Zauber bewahren, musste er trotzdem handeln.

„Ich werde sie überlisten", dachte er sich. Mit seinem Speer zog er den Wolfspelz unbemerkt zu sich ins Gebüsch und versteckte ihn unter einem großen Stein. Dann schlich er sich mit seiner Waffe zu der Fremden, die nun zu schlafen schien. Plötzlich schreckte die Schöne auf, wollte nach ihrem Pelz greifen und fliehen, aber der tapfere Bauer packte sie mit festem Griff am Arm.

„Hab ich dich!", rief er. Und er nahm all seinen Mut zusammen und fragte: „Willst du weiter dein Unwesen treiben? Dann liefere ich dich dem Gericht im Dorf aus, und du verlierst dein Leben. Aber ich sehe in deine Augen und frage Dich, ob Du mit mir kommen und meine Frau werden möchtest. Dann soll Dir kein Leid geschehen."

Zu seinem großen Glück willigte die junge Frau ein. Schon bald gab es in Thum auf Bens Hof eine große Hochzeitsfeier. Um den Fluch seiner geliebten Braut zu bannen, nagelte der Bräutigam das Wolfsfell an die Wand der Schlafkammer.

Die nächsten zwölf Jahre vergingen. Den Eheleuten wurde sogar ein Sohn geschenkt. Aber in der anmutigen Bauersfrau erwachte immer mehr die Sehnsucht, wieder ein Wolf zu sein. Frei und ungebunden wollte sie durch die Wälder streifen. So kam es, dass auch sie sich einer List bediente.

Als ihr Mann zum Markt gegangen war, bat sie ihren Sohn, das Wolfsfell von der Wand zu nehmen. Der Sohn folgte ihrem Wunsch, denn er war ahnungslos und dachte, die Mutter wolle es vom Staub befreien. Sobald aber das Fell den Boden berührte, schlüpfte die Wolfsfrau hinein. Sofort wurde sie wieder ganz Wolf und sprang wie der Blitz aus der Stube, aus dem Hoftor hinaus und hinein in die weiten Kornfelder vor dem Dorf und die Wildnis dahinter.

Als der ahnungslose Ben am Nachmittag heimkehrte, fiel ihm sein Sohn weinend in die Arme und berichtete, was geschehen war. Da beschloss Ben sogleich zu handeln, denn er wollte seine geliebte Frau und Mutter seines Kindes wieder zurückhaben. So machte er sich in der Dämmerung auf die Suche. Er suchte hinter jedem Baum, zwischen allen Felsen und in jedem Gebüsch, das er sah, doch nirgends war eine Spur seiner geliebten Gattin zu finden. Der Wald, die Felder, die Wege und die Dunkelheit verbargen die Fährte der Wölfin. Völlig erschöpft und verzweifelt schlug der Bauer die Hände vor sein Gesicht, sank auf einen Baumstumpf, und Tränen strömten über seine Wangen.

Plötzlich hörte er eine tiefe, fremde Stimme hinter sich sprechen: „Bruder, warum weinst Du so?" Der Bauer erschrak, denn er hatte bei seiner Suche seit Stunden keinen Menschen mehr gesehen. Er wandte sich um, als zwei Raben krächzend aufflogen. Da stand im Schatten eines alten, dicken Lindenbaumes ein hochgewachsener Mann mit langem, grauem Bart. Seine Hände ruhten würdevoll auf einem gewundenen, verzierten Hirtenstab, und er trug einen langen, weiten Umhang. Ein wenig finster und streng war sein Blick. Die Gestalt schien nur ein einziges Auge zu haben, das glühte wie Feuerschein.

Der gute Ben erkannte ihn sofort: Es war der sagenumwobene Wolfshirte, der hier seinen Weg kreuzte. Die Alten im Dorf erzählten an finsteren Winterabenden von ihm. Sie sagten, dass man ihm besser aus dem Weg ginge, denn er sei ein großer, mächtiger und weiser Zauberer, der den Menschen nicht immer freundlich gesonnen war. Vor allem sollte er die Macht über alle Tiere des Waldes, den Wald selbst, die Menschen, das Wetter und vielleicht sogar über die ganze Gegend besitzen.

„Du suchst Deine liebe Frau, nicht wahr?", fragte der Wolfshirte ernst. Dabei nickte er, so als ob er schon alles wusste, ohne dass Ben nur ein Wort gesagt hatte. Demütig warf sich der Bauer vor dem Zauberer zu Boden und versprach, alles zu tun, um seine Frau wiederzubekommen. Der Zauberer betrachtete den Flehenden und antwortete: „Dafür musst Du eine Prüfung

bestehen. Du hast sie mir vor zwölf Jahren weggenommen, als Du ihr ihren Pelz raubtest. Aber Du warst immer gut zu ihr, und das soll Dir nun zum Lohn werden. Ich kann sie für Dich freigeben. Aber dafür musst Du sie unter allen Wölfen des Waldes erkennen. Findest Du sie wieder, soll sie die Deinige sein – erkennst Du sie nicht, ist Dein Leben verwirkt."

Ohne lange zu überlegen nahm der Bauer die Prüfung an. Da holte der Wolfshirte unter seinem Umhang eine lange Peitsche hervor und schlug damit dreimal kräftig in die Luft. Es schnalzte – Funken stoben. Kurz darauf waren von überall her aus dem Dunkel der Tannen und den dichten Sträuchern leise raschelnde Laute zu hören. Schnell jagten Schatten heran, Laub und Äste knackten bedrohlich. Mit einem Mal war Ben von mehr als einhundert Wölfen umgeben.

Die Raubtiere hechelten und sammelten sich drängend um ihren Hirten. Ihr Atem stob wie Rauch aus ihren feinen, dunklen Nasen und ihre gelben Augen leuchteten wie der Mond in der Nacht. Einige bleckten drohend ihre weißen, scharfen Reißzähne und knurrten zornig, während sie um ihren Meister herumsprangen. Die meisten aber waren still und folgten den Bewegungen des mächtigen Herrn des Waldes.

Ben hatte Angst vor den wilden Raubtieren, die sich so nah um ihn sammelten, aber da sie alle abzuwarten schienen, fasste er Mut und sah die Tiere nun genau der Reihe nach an. Alle unterschieden sich: Es gab hagere und kräftige, junge und alte, welche die neugierig und solche die ängstlich schienen, freundliche, sanfte und grobe Gesellen, einige mit hellen Pelzen, andere fast schiefergrau und viele, deren Fell in Silber-, Bronze- und Goldfarben schimmerte. Einige standen ruhig da oder legten sich dem Wolfshirten zu Füßen, andere liefen unruhig auf und ab oder warteten im Schatten der Bäume darauf, was geschehen sollte. Sie alle hatten strahlende Augen, die tief in ihre Seele blicken ließen. Alle sahen sie zu Ben.

Bald glaubte er seine geliebte Frau unter all den Wölfen gefunden zu haben. Es war eine junge, schlanke Wölfin, die etwas abseits saß. Ihre weiße Brust schien ein liebendes Herz zu tragen. Der wunderschöne goldene

Schimmer ihres Haarkleids ließ Ben an die Nacht zurückdenken, als die Werwölfin an seiner Feuerstelle gelegen hatte. Das Tier hatte geduldige und sanfte Augen und war von anmutigem und scheuem Wesen.

Die Wölfe wichen bereitwillig zur Seite, als Ben durch ihre Reihen schritt. Er küsste die Wölfin, die er ausgewählt hatte, auf ihre sanft geschwungene, helle Stirn. Da löste sich der Pelz des Tieres, und seine liebe Frau stand vor ihm. Da kam der Wolfshirte mit seinem Stab herbei, richtete ihn auf die blonden Haare der Frau und murmelte leise einen alten Zauberspruch. Er schien ein wenig traurig zu sein, als er sprach: „Ein Mensch hat aus Liebe zu Dir sein Leben aufs Spiel gesetzt. So breche ich den Zauber, der Dich an mein Rudel bindet. Du bist nun frei."

Der Zauberer schwang seinen großen, dunklen Mantel, dass die Blätter vom Boden aufflogen und es in den Bäumen rauschte. Damit war auf einmal alles verschwunden: Der Wolfshirte und alle Wölfe waren fort. Nur der Mond schien matt und silbrig auf die beiden Eheleute herab. Da umarmten sie sich voller Freude und machten sich auf den Weg, der sie nach Hause führte, wo ihr lieber Sohn schon sehnsüchtig gewartet hatte.

So lebten sie noch lange gesund und glücklich auf dem Bauernhof und bekamen weitere Kinder. Den Wunsch aber, den Wolfspelz anzuziehen und in die Wildnis zu laufen, den hat die schöne Bäuerin nie wieder gehabt.

Der Wolf war von jeher in der Eifel zu Hause. Hier konnte er sich lange gegen seine Ausrottung behaupten. Der letzte Eifelwolf wurde etwa zwischen 1888 und 1890 gesichtet. Im 19. Jahrhundert wurden in der Eifel insgesamt 1672 Wölfe getötet. Aber auch ohne die gezielte Jagd wäre der Wolf vermutlich aus der Eifel verschwunden, denn die Menschen rodeten die Wälder und erlegten das Wild, das die Graupelze als Futter brauchen.

Viele Orte in der Eifel erinnern mit ihren Namen noch an die scheuen Raubtiere – zum Beispiel die Wolfskuhl in Konzen, der Wolfsweg in Höfen, die Bezeichnung „Auf Wolfersacker", einem Ort in der Gemeinde Kerpen, die Wolfsgasse in Streckenborn, die Wolfsschlucht bei Bad Tönisstein, die Flurbezeichnung „Auf der Wolfskaul" in Kottenheim und der Ortsname Woffelsbach.

Inzwischen wurde der Wolf unter Schutz gestellt und einige Gebiete der Eifel zum Nationalpark oder Naturschutzgebiet erklärt. Eine Rückkehr des Wolfs über die angrenzenden Länder ist nun denkbar. Einzelne wollen Wölfe schon aus dem Hohen Venn heulen gehört haben.

Möchte man heute in der Eifel einem Wolf begegnen, geht das nur im Adler- und Wolfspark Kasselburg. Dort leben einige Wölfe in Gefangenschaft. Man kann sie aus der Nähe erleben.

Das Filigranwichtlein
(Gerolstein)

Zu den Zeiten, als die Menschen sehr bescheiden zu leben wussten, wohnte in Gerolstein ein freundliches, kleines Mädchen. Ihr Name war Anna. Sie war gutherzig und stets darum bemüht, ihre Lieben fröhlich zu stimmen. So kam es, dass Anna ihrer Mutter zum Geburtstag einen Kuchen backen wollte. Schon in der Frühe brach sie mit ihrem Körbchen auf, um hinter der Stadt an den Ufern der Kyll die Früchte der Sträucher und Büsche einzusammeln.

Die Sonne tauchte das Kyll-Tal mit ihren ersten Strahlen in goldenes Morgenlicht, da stand auf einmal ein kleines Männlein vor ihr auf einem großen Stein. Der Zwerg trug sehr feine Kleidung und fragte sie, was sie so früh in den Wald gelockt hatte. Anna antwortete fröhlich: „Heute feiert meine Mutter Geburtstag. Ich möchte ihr einen schönen Beerenkuchen backen."

Da antwortete das kleine Männchen: „Gutes Kind, ich habe gerade Forellen angeln wollen. Dafür muss es ganz still sein. Aber mit deinem Rascheln und Rauschen vertreibst du mir die leckeren Fischlein. Such deine Beeren heute bitte woanders."

„Es soll dein Schaden nicht sein", versprach der kleine Kerl und lud Anna ein, am nächsten Morgen noch einmal zu dieser Stelle im Wald zu kommen. Da sie ein liebes Mädchen war und die Bitte des Wichtels ernst nahm, trug sie ihr Körbchen zu einem anderen Platz. Dort fand sie nicht nur genug, um einen schönen Geburtstagskuchen zu backen, sondern auch um sich richtig satt zu essen.

Am nächsten Morgen sprang Anna früh aus dem Bett und begab sich wieder in den Wald, um an die Stelle zu gelangen, wo sie den fischenden Zwerg angetroffen hatte. Der schien schon auf sie gewartet zu haben und reichte

ihr seine kleine Hand. Als das Mädchen sie ergriff, drehte sich plötzlich alles ganz schnell. Der Wald und die Kyll verschwammen ebenso wie die Sonne und der Himmel. Und ehe sie sich versahen, waren beide schon unter der Erde in einer kleinen Höhle. Staunend blickte sich das Mädchen um: Die Höhlenwände schimmerten und glitzerten wie der prächtigste Festsaal. Ringsum war der Fels mit edlen, funkelnden Gesteinen und Kristallen bedeckt, die im Licht vieler Kerzen wundersam funkelten.

Das Wichtlein ging zu einem kleinen Tisch hinüber. Dort lagen feinste Stoffe, so fein, wie Anna sie noch nie gesehen hatte. Samt und Seide waren darunter ebenso wie fremde Gewebe, die sie nicht kannte. Während Anna noch über all das staunte, was sie da sah, begann der Wicht leise etwas vor sich hin zu murmeln. Wie von Geisterhand flossen plötzlich feine Garne aus den glitzernden Adern des Bergs in seine Hände.

Mit diesen hauchdünnen, golden und silbern glänzenden Fäden begann der Zwerg zu arbeiten. Dabei hantierte er überaus gekonnt und schnell. Nach kurzer Zeit hatte er etwas gefertigt, das das Mädchen über alle Maßen bewunderte: Ein wunderschöner Stoff mit einer wunderbar filigranen Metallarbeit verziert und von den schimmernden Fäden des Berges durchzogen funkelte mit den Wänden der Höhle um die Wette.

Das gefiel Anna so gut, dass sie keine Worte fand, die ihre Freude hätten beschreiben können. Der Wicht brachte ihr sogleich sein Handwerk bei. Geduldig begann er alles zu erklären – und viele Male übte sie und lauschte aufmerksam seinen Weisungen. Bald gelang ihr ein ähnliches Kunstwerk wie ihrem erfahrenen Lehrmeister. „Jetzt weißt du, wie es geht", strahlte der kleine Filigranwerkmeister, als er sich das Stück besah, das das fleißige Mädchen geschaffen hatte. Da nahm er sie bei der Hand, und mit einem Mal standen beide wieder an der Stelle im Wald, wo sie sich zuvor getroffen hatten.

Es war Abend geworden. Der Filigranmeister verabschiedete sich herzlich und war sogleich verschwunden. Zu ihren Füßen fand Anna stattdessen ein kleines Körbchen voll mit Gold- und Silberfäden und edlem Tuch, genauso kostbar wie sie es bei dem Wicht in der Höhle gesehen hatte. Da war sie sehr glücklich, denn nun konnte sie selbst Filigranarbeit anfertigen. Diese wollte sie an die edlen Herren der umliegenden Grafschaften verkaufen und so für sich und ihre Mutter sorgen. Gleich am nächsten Tag begann sie mit viel Freude ihre Arbeit.

Die Jahre zogen ins Land und aus dem kleinen, fleißigen Mädchen wurde eine junge Frau. Annas feine Handarbeitskunst wurde in der ganzen Gegend

bewundert. Nirgendwo hatte man so schöne Stücke gesehen, die mit gleichermaßen viel Hingabe und Kunstsinn gefertigt worden waren. Viele ihrer Stücke erbrachten gute Preise, und Anna hatte so stets ein schönes Auskommen. Bald schon kamen andere Frauen zu ihr und wollten die Filigranarbeit lernen. Das freute die junge Meisterin noch mehr, denn nun war sie nicht mehr allein in ihrer Werkstatt und konnte sogar etwas von ihrer Fertigkeit weitergeben. Nur das Geheimnis von ihrem Lehrmeister, dem Filigranwichtlein, hat Anna stets für sich behalten.

Filigranarbeit ist eine Handwerkskunst, die auch im Orient bekannt ist. Für diese Technik werden feine Metallfäden miteinander verwoben, sodass die Schmuckstücke wie genäht oder gewebt aussehen. Auch kleine Metallperlen und Bänder werden verwendet oder edle Stoffe damit durchwirkt, sodass sie silbern oder golden schimmern. Da in der Eifel schon vor der Römerzeit wertvolle Metalle in der Erde zu finden waren, ist es möglich, dass hier ein solches Handwerk ausgeübt wurde und das Märchen einen wahren Kern hat.

Die meisten Frauen in den Eifeldörfern webten allerdings hauptsächlich Leinen. Leinen ist eine recht anspruchslose Pflanze und konnte gut im Eifelgebiet angebaut und verarbeitet werden. Aus den Samen gewann man Öl, und die Fasern spann man zu Garnen, die zu Tüchern gewebt wurden. So verdienten sich viele fleißige Frauen etwas dazu. Besonders bekannt für die Webkunst war das Städtchen Monschau.

Die Fische vom Ulmener Maar
(Ulmen)

Am Ulmener Maar lebte einst der kleine Fried mit seinem Großvater. Der Junge liebte es, seine Zeit am See zu verbringen, dessen Grund einst ein Vulkan geschaffen hatte. Das Maar ruhte tief eingebettet in Büschen und Bäumen und barg viele Geschichten über sein geheimnisvoll dunkles Wasser und seine Bewohner. Hier gab es für Fried allerhand zu entdecken. So freute sich das aufgeweckte Kind nicht nur an den hübschen Pflanzen, die rings um das Maar wuchsen. Auch die Tiere im Wald, in der Luft und im Wasser beobachtete Fried gerne.

Am liebsten versuchte er sich in der Kunst des Fischens. Sein Großvater hatte ihm Angel und Kescher geschenkt, die der Knabe täglich ausprobierte. Doch obwohl er sich bemühte, gelang es ihm nicht, auch nur einen Fisch zu fangen. Das machte den kleinen Fried traurig. So fragte er die Fischer am Maar um Rat. Sie aber gaben ihr Handwerk immer nur vom Vater auf den Sohn weiter. Wenn der Junge sie ansprach, antworteten sie stets: „Du musst die Sprache der Fische lernen. Und nun gib Ruhe!"

Aber Fried wollte nicht aufgeben. Eines sonnigen Tages hatte er Glück. Er fing einen kleinen, silbern glänzenden Fisch. Überrascht zog er ihn aus dem Wasser und betrachtete ihn. Das zarte Geschöpf schillerte in seinem Schuppenkleid in allen Farben des Regenbogens. Er hatte aber nur ein gutes Auge, denn das andere schien nicht in Ordnung zu sein. Wie Fried seinen Fang betrachtete, verstand er, dass der kleine Kerl ein ganz besonderer war.

„Ich bin der Fisch Einaug", sprach der plötzlich zu ihm, „mit dem guten Auge kann ich in die Welt sehen und mit dem trüben in dein Herz. Möchtest du mir nicht die Freiheit und das Leben schenken? Ich werde dich dafür belohnen und dich die Fischsprache lehren."

Fried streckte seine Hand aus, um den kleinen, einäugigen Fisch wieder ins Maarwasser zurückzugeben, und Einaug war sogleich darin verschwunden. Als der kleine Fischer an diesem Nachmittag nachdenklich nach Hause ging, beschloss er, niemandem von seinem Erlebnis zu erzählen. Schließlich wollte er nicht, dass man über ihn lachte.

Aber zu seiner Überraschung sollte er von diesem Tag an Einaug jedes Mal im seichten Wasser wiederfinden, wenn er zum Ufer des Sees ging. Während der Sommer verging, brachte der kleine Fisch ihm seine Sprache bei und wurde ihm zum Freund. Auch die anderen Fische wuchsen Fried ans Herz. Oft stieg der Junge nun zu den Fischen ins Wasser. Er liebte es, von den glitzernden Gesellen mit ihren glatten Flossen umgeben zu werden und von ihnen zu lernen. Bald konnte er die Fische rufen und verstehen. Er lachte sogar mit ihnen. Dass man Fische angeln konnte, um sie zu essen, das hatte Fried bald vergessen.

Abends, wenn er vom Spielen und Schwimmen müde zu Hause ankam, hörte er sich gern die Geschichten an, die sein alter Großvater über die Geheimnisse des Maares erzählen konnte. Der Sommer verging, und bald zog der Herbst über das Land. Wenn der Nebel an tristen, grauen Tagen wie ein Schleier die glatte Oberfläche des Maares bedeckte, erzählte der Großvater seinem Enkel davon, wie die Nixen aus der Tiefe des Vulkansees heraufstiegen. Sie wohnten in der unergründlich dunklen Tiefe des alten Kraters und wagten sich nur selten in die helle Welt nach oben. Die scheuen Wassergeister klopften dann mit ihren Fingerchen gegen die glitzernde Decke, die ihr Reich begrenzte, und freuten sich an dem Silberglanz der Wasserkringel, die dann überall erschienen.

Ein anderes geheimnisvolles Maar-Wesen, von dem der Großvater oft erzählte, war ein großer Hecht. Einmal war er einem Fischer ins Netz gegangen. Da sprach der Fisch: „Lass mich frei, und ich verrate dir ein Geheimnis der Fische!" Sogleich sollte der Hecht seine Freiheit zurückbekommen. Doch bevor er in den Tiefen des Maares verschwand, bat er den Fischer: „Das Glöckchen, das dort an deiner Angel hängt, das ist eine magische Schelle. Binde sie mir um und ich verrate dir endlich das Geheimnis!" Der Mann band ihm seine Schelle um, gab den Fisch zurück ins Maar und rannte danach ins Wirtshaus, von wo aus sich die Geschichte in der ganzen Gegend verbreitete.

Kurz darauf fing ein Klosterbruder am weit entfernten Laacher See das Tier. Der fromme Mann, der von der Geschichte gehört hatte, nahm die Schelle an sich, gab den Hecht wieder frei und hielt damit den Beweis für das große Geheimnis in den Händen: Der Laacher See und das Ulmener Maar waren mit ihren Wassern unterirdisch verbunden. Frieds Großvater scherzte immer, wenn er diese Geschichte erzählte, und fragte seinen Enkel lachend: „So ein dicker Fisch wird doch wohl nicht geflogen sein?"

Der Junge mochte die Geschichten seines Großvaters. Sie erinnerten ihn an den Sommer mit seinem Freund, dem Fisch Einaug, und den Abenteuern, die sie gemeinsam erlebt hatten. Doch nie hatte er diese Nixen gesehen. Da

beschloss er eines Abends: „Ich will zu den Wasserfrauen in das tiefe, schwarze Wasser unseres Maares tauchen." Als er das seinem Großvater sagte, warnte ihn der alte Mann jedoch eindringlich und erzählte eine Geschichte, die Fried noch nicht kannte:

„In unserem Ulmener Maar gibt es ein Wesen, das soll so uralt sein, dass ihm Seegras und Muscheln auf dem Rücken wachsen. Im tiefen Wasser bei den Nixen wohnt es und es ist für unsere Augen meistens unsichtbar. Seine großen Augen sehen selten die Sonnenstrahlen, und sein gewaltiger Leib ruht bewegungslos in der kalten Dunkelheit. Viele fürchten sich vor ihm, denn es ist ein Riesenfisch. Er ist so groß, dass er mühelos einen ganzen Menschen verschlucken kann. Wie ein dunkler Schatten taucht er langsam, lautlos und unerwartet aus der Tiefe des Wassers auf.

An der Oberfläche bewegen sich die Wellen dabei kaum, wenn seine mächtigen Flossen durch das Wasser pflügen. Er verschwindet dann gleich wieder im schwarzen Wasser in der Tiefe bei den Nixen. Manche haben seine Umrisse in den Fluten gesehen und sagen, er sei so groß wie eine Kutsche mit vier Pferden davor. Der Riesenfisch aus unserem Maar soll auch nicht allein dort in der Tiefe wohnen. Ein zweiter, der etwas kleiner ist, aber dennoch groß wie ein ausgewachsener Ochse, soll ihn begleiten."

Fried machte große Augen, als er das hörte. Er war im Sommer immer so unbekümmert im Maar geschwommen und hatte nicht daran gedacht, dass dort auch noch andere Wesen wohnen könnten als seine kleinen Freunde oder die Nixen. Mit beklommener Stimme meinte er: „Fische, die so groß sind, müssen so alt sein wie das Maar selbst."

„Ja", antwortete der Großvater, „das sind sie bestimmt. Manche sagen, die Riesenfische kämen wie der Hecht mit der Schelle aus dem Laacher See und würden nur zu besonderen Ereignissen in Ulmen erscheinen. Andere glauben, ihr Auftauchen kündigt Unheil für die Grafen von Ulmen an."

Nachdem Fried diese Geschichte gehört hatte, dachte er anders über das tiefe Wasser. Er hatte jetzt großen Respekt vor den uralten Riesenfischen. Beim Schwimmen und Tauchen auf ein solches Ungetüm zu treffen, war ihm keine schöne Vorstellung. Daher sprang er fortan nicht mehr zu Einaug und seinen Fischfreunden ins Wasser. Sein Leben lang saß er aber gern am Ufer, besuchte die Fische, sprach und lachte mit ihnen. Vielleicht ist er gerade deswegen ein weiser, glücklicher, alter Mann geworden, der seinen Enkeln viele Geschichten von den Fischen vom Ulmener Maar erzählen konnte.

Das Ulmener Maar ist heute ein Natur- und Wasserschutzgebiet. Schwimmen ist hier nicht erlaubt. Vielleicht ist das auch besser so. Denn wer möchte schon einem unheilverkündenden Riesenfisch begegnen?

Im Ulmener Maar leben heute viele Fischarten. In alten Zeiten glaubten die Fischer, dass man die Fische mit einer magischen Schelle oder einer Zauberformel rufen konnte. Wer heute gern in einem Eifelmaar schwimmen möchte, der ist am Pulvermaar, am Gmündener Maar, am Meerfelder Maar und am Schalkenmehrener Maar willkommen.

Vielleicht könnt ihr die Riesenfische bei einem Ausflug am Ulmener Maar oder im Laacher See beobachten?

Der tapfere Ritter
(Bad Münstereifel)

Einst thronte auf dem Fels des alten Städtchens Bad Münstereifel eine stolze, wehrhafte Ritterburg. Sie gehörte einem wilden, ungezügelten Ritter, der sich auf seinen Adelsstand mächtig etwas einbildete. In jungen Jahren hatte er sich eine feine Edeldame zur Frau genommen, die ihm zwei Söhne schenkte: Kunibert und Harald. Doch der Kindersegen konnte den wilden Burgherren nicht bändigen. Seine arme Frau litt sehr unter ihrem garstigen Gatten, der ihr immer wieder übel mitspielte. Das machte sie sehr traurig und sie wurde krank. Nichts konnte sie trösten. Auch ihre Söhne, die sie jeden Tag am Krankenbett besuchten, schafften es nicht, das schwere Herz der Mutter wieder zu erfreuen. So starb sie eines Tages. Darüber fielen alle in tiefe Trauer. Kunibert und Harald weinten. Auch die Knechte und Mägde auf der Burg waren traurig.

Nur der Herr vergoss keine Träne und ließ sich nicht erweichen. Damit auch seine Söhne so eisern würden wie er, beschloss er, sie mit harter Hand zu erziehen. Die Jahre zogen ins Land und die Kinder reiften zu jungen Männern. Während der jüngere Bruder, Harald, ganz nach seinem Vater kam, ähnelte der ältere Sohn, Kunibert, sehr der Mutter. Er war mitfühlend, zurückhaltend und fein, ehrlich, fleißig und sanftmütig. Das ärgerte seinen Vater, und so begann er, ihn schlecht zu behandeln. Er schimpfte ihn aus, verlachte ihn und ließ Spott wie Regen auf ihn niederprasseln.

Auf seinen zweiten Sohn, Harald, war der Vater dagegen stolz und zeigte das überall. Ihn zog er stets vor. Doch obwohl er so ungerecht handelte, blieb Kunibert freundlich. Er liebte und respektierte seinen Vater trotz allem und versuchte, diesem gerecht zu werden. Doch vergebens war sein Hoffen auf ein gutes Wort oder ein kleines Lob. Mit der Zeit wurde er ein recht trauriger Bursche.

Eines Tages, als der Vater wieder einmal besonders hart zu ihm war, nahm Kunibert sein Pferd und ritt in den Wald hinaus. Auf den Lichtungen der umgebenden Bergwälder zwischen den Bäumen, wo die Sonne sein Gesicht wärmte und die Vögel ein vielstimmiges Konzert gaben, hatte der Gequälte seine Ruhe vor dem jähzornigen Vater. Wie Kunibert so im Schatten der hohen Eichen lag, seinem Ross beim Grasen zusah und heimlich seine Tränen vergoss, kam ein Bauernmädchen des Weges. Sie blieb stehen und betrachtete den gut gekleideten Burschen mit seinem edlen Pferd. Der bemerkte sie zuerst gar nicht, aber dann sprach sie ihn an und fragte:

„Edler Herr, was seid ihr so niedergeschlagen? Wie könnt ihr an solch einem schönen Ort so eine Trauermiene tragen?" Da das Mädchen freundlich und schön war, öffnete Kunibert sein Herz, berichtete vom ungerechten Vater, vom kaltherzigen Bruder und davon, wie sehr ihm doch die liebe Mutter fehlte. Das Mädchen hatte Mitleid und gab sich alle Mühe, dem Burschen Trost und Hoffnung zu spenden. Als Kunibert am Abend wieder in seinem Gemach lag, war ihm ganz leicht uns Herz. Immerzu dachte er an das liebe Fräulein im Wald.

Von diesem Tag an ritt Kunibert immer wieder aus, stets in der Hoffnung, das Bauernmädchen wiederzusehen. So kam es, dass sich die Verliebten bald jeden Tag trafen. Kunibert war sehr glücklich. Der Sommer verging. Bald war sich der Ritterssohn sicher, dass er das arme Bauernmädchen heiraten wollte. An einem dunklen Herbstabend fasste er seinen ganzen Mut und berichtete dem Vater von seiner Braut. Doch statt sich für das Glück seines Erstgeborenen zu freuen, verfiel er in einen schrecklichen Tobsuchtsanfall. Der Burgherr sah durch die unangemessene Ehe seines Sohnes mit einem armen Bauernmädchen sein Erbe vor dem Verfall und sein ganzes stolzes Rittergeschlecht in den Schmutz gezogen. Der Ritter schimpfte und fluchte, polterte und schrie, und er erklärte seinen Sohn für nicht bei Verstand und verwünschte ihn auf das Schlimmste.

Kunibert ließ das Donnerwetter ungerührt über sich ergehen. Das aber ärgerte den alten Ritter nur noch mehr. An diesem Abend verbannte er

seinen Sohn mit einem Fluch für immer von der Burg. Lieber tot als lebendig wollte er den Sohn wissen. Nur mit seinen Kleidern am Leib schlug sich Kunibert in die Wildnis und wurde fortan nicht mehr gesehen.

Sein Bruder Harald vertrieb sich seine Zeit unterdessen mit wüsten Raufereien und ausschweifenden Trinkgelagen. Er verlobte sich mit einem edlen Ritterfräulein aus einem benachbarten Rittergut, was den Vater nur noch stolzer machte. Doch es kam, wie es kommen musste: Harald war ein Abbild seines Vaters – und so brach auch er seiner Gattin das Herz. Und wie schon seine Mutter starb schließlich seine Frau. Die traurige Nachricht erreichte schnell das benachbarte Rittergut, von dem das edle Mädchen stammte.

Ihr Vater, dem seine geliebte Tochter das Teuerste war, konnte den Schmerz über den Verlust kaum ertragen. Üble Gerüchte über das Benehmen des Ritters Harald und seiner Gefolgschaft verbreiteten sich. So beschloss der Vater, seine Tochter zu rächen. Eines Nachts überfielen die Ritter aus dem Gut des Ritterfräuleins die Bad Münstereifeler Burg und forderten dort jeden zum Kampf, der sich in den Weg stellte.

Das schreckte die Burgherren nicht. Sie stürzten sich laut johlend ins Schlachtengetümmel. Im Morgengrauen war Harald geschlagen. Nun musste sein alter Rittervater alleine gegen die Eindringlinge angehen. Da preschten plötzlich zwei fremde, kühne Ritter auf edlen Pferden heran und warfen sich todesmutig in das Gefecht. Noch bevor der Burgherr sich den Unbekannten ergeben konnte, rief einer der beiden: „Habt keine Angst. Wir sind gekommen, um Euch beizustehen und Eure Burg zu verteidigen!" Und schon zückten die Mutigen ihre Schwerter. Dank ihrer außerordentlichen Kampfkunst und ihrem Heldenmut schafften die beiden Fremden es schließlich, alle Feinde zu vertreiben.

Als die Schlacht vorüber war, sprach der Burgherr: „Ihr tapferen Männer, ich bin euch zu ewigem Dank verpflichtet. Verratet mir, wer ihr seid und lasst euch für euren Mut belohnen!" Da sprang der erste der beiden Ritter von seinem Pferd, doch noch bevor er sein Visier öffnen konnte, sank er tot zu Boden. Alle wollten jetzt wissen, mit wem sie es zu tun hatten, und nahmen ihm vorsichtig den Helm ab. Da war das Staunen groß! Es war Kunibert, der Vertriebene.

„Der Tote ist nicht nur dein Sohn, er ist auch mein Vater", sagte da der zweite Ritter. Erschüttert wandte sich der Rittervater an seinen Enkel: „So ist also mein unheilvoller Fluch in Erfüllung gegangen. Aber du bist mein Enkel und ich will dir nun die Burg überlassen. Du sollst ihre Geschicke mit einer weiseren Hand führen, als ich es tat. Du magst zwar aus einer armen Hütte stammen, aber Dein Handeln zeugt von Mut, Treue und großer Tapferkeit. Das ist es, was einen wahren Ritter auszeichnet." So wurde der junge Mann zum Ritter auf der Feste zu Bad Münstereifel und führte die Geschichte der Burg glücklich weiter.

Wenn ihr die Stadt Bad Münstereifel besucht, findet ihr die Reste der Burg an der Wertherstraße auf dem Felsen ganz in der Nähe des Werther Tors und der alten Stadtmauer. Im Jahr 1300 wurde die Anlage vom Grafen von Jülich errichtet. Dazu gehört auch die Stadtbefestigung mit ihren gut erhaltenen Türmen.

Wollt ihr euch eine Ritterburg anschauen, die aussieht, als wären die Ritter gerade erst in die Schlacht geritten? Dann besucht einmal die Burg Wildenburg bei Hellenthal, das Schloss Bürresheim bei Mendig oder die Burg Satzvey bei Euskirchen. Hier scheint es, als sei die Zeit stehengeblieben, und die komplette Burg ist noch sehr gut erhalten.

Wie die Ritter früher miteinander gekämpft haben, ob mit Schwert, Lanze oder hoch zu Ross, das könnt ihr euch bei Ritterspielen anschauen, die an mehreren Orten in der Eifel in den Sommermonaten stattfinden.

Das Hexendorf Nattenheim
(Nattenheim bei Bitburg/Kyllburg)

Mit dem kleinen Örtchen Nattenheim, nicht weit von Bitburg und Kyllburg entfernt, hatte es immer schon etwas Besonderes auf sich: Seine Bewohnerinnen waren in der Gegend als Hexen bekannt. Aber obwohl man überall in der Eifel Hexen und ihre Künste fürchtete und streng bekämpfte, dachten die Bürger des Dorfes in dieser Hinsicht anders. Hier ließ man die Hexen ungestört ihrem Treiben nachgehen. Denn unter den Zauberinnen waren viele gute Seelen, die nichts Böses im Schilde führten. Deshalb bat man die Hexen in Nattenheim oft um Rat und Hilfe.

So machten sich die Hexen überall im Dorf und der Umgebung mit ihrer vielfältigen Zauberkunst nützlich und beliebt. Sie kannten sich mit allerlei magischen Zaubertränken aus, die man in vielen Lebenslagen gebrauchen konnte, ebenso wie mit Heilkräutern, die gegen Krankheiten halfen, und kleineren Hexereien zur Erleichterung des Alltags. Sie flogen auf Besen, die sie überall hintrugen, und lebten friedlich mit den Menschen im Ort zusammen.

Nicht nur einmal halfen die Zauberfrauen der Stadt aus großer Not. Als ein langer Krieg tobte und das Dorf angegriffen wurde, schützten die Dorfhexen ihr Zuhause mit einem Bindezauber. Sie spannten einen Faden aus Garn einmal rund um das ganze Dorf, sprachen einige Zaubersprüche und – siehe da – das Dorf war für alle außer für die Nattenheimer selbst ganz und gar unsichtbar. Die Angreifer mussten aufgeben, denn sie fanden das Dorf nicht mehr, so sehr sie auch danach suchten. Auf diese Weise retteten die Hexen ihren Nachbarn das Leben und den Bauern ihren Grund und Boden.

Ein anderes Mal wurde das Dörfchen im Krieg mit Kanonenkugeln beschossen. Da flogen die Hexen allesamt mit ihren Besen aus den Schornsteinen. Hoch in der Luft fingen sie die Kugeln in ihren Schürzen, noch

bevor sie niederstürzen und überall Schäden und Verwüstung anrichten konnten. So blieb das Dorf unversehrt.

Allerdings ist es oft so, dass unter viel Gutem auch Schlechtes dabei ist. Und so fand sich eine Hexe unter ihnen, die es mit ihrer Hexerei übertrieb. Das war die junge Bauersfrau Margret. Gemeinsam mit ihrem Mann, einem fleißigen und reichen Bauern, lebte sie auf einem großen Bauernhof am Rande des Dorfes. Dort gab es viel zu tun. So hatten die beiden einige Knechte und Mägde auf dem Hof beschäftigt.

Einer davon war Karl. Der große, kräftige Kerl war tüchtig und genügsam. Er arbeitete ohne zu murren den ganzen Tag sehr hart. Abends fiel er völlig erschöpft in seiner Kammer ins Bett. Doch die Erholung war leider oft nur von kurzer Dauer. Denn die Herrin des Hauses, Hexe Margret, hatte es auf den gutmütigen Knecht abgesehen. So machte sie ihm mit ihrer Magie das Leben schwer.

Die clevere Bauersfrau hatte einen Pferdezaum verzaubert. Mit diesem schlich sie sich nachts heimlich zu ihrem Knecht und warf ihm die Riemen um. Sobald das Leder ihn berührte, wurde er in ein Pferd verwandelt und musste die Hexe tragen, wohin sie wollte. Nun war Margret aber eine von denen, die nie genug bekamen. Sie übertrieb das böse Spielchen. Viele Nächte hetzte sie den guten Karl in seiner Pferdegestalt durch die Gegend. Im schnellsten Galopp ging es die Wiesen und Felder entlang und die Berge hinauf, bis der Arme vor Schweiß triefte.

Erst im Morgengrauen brachte sie ihn zurück und streifte ihm den Zauberzaum ab. Völlig entkräftet ließ sie den Gehetzten in seiner Kammer zurück. Wenn es dann dämmerte und der Knecht zur Arbeit aufstehen musste, war es ihm, als hätte er von einer wilden Jagd durch den Wald geträumt. Dann fühlte er sich ganz elend. Aber weil er so ein gewissenhafter und treuer Bursche war, verrichtete er seine Arbeit auf Hof und Feld weiter ohne ein Wort des Klagens.

So kam es, dass Karl immer schwächer, ausgezehrter und müder wurde. Schließlich hatte eine Krankheit leichtes Spiel mit ihm und warf ihn ganz um. Als sein Bruder Konrad dies erfuhr, besuchte er ihn und wollte sich seiner annehmen. „Sag, mein Bruder, was ist dir widerfahren? Wie bist du nur so krank geworden?", fragte der besorgte Konrad. Da erzählte ihm der Entkräftete von der Hexenkunst der Bäuerin Margret. „Ich träume jede Nacht von ihr und davon, wie ich in Pferdegestalt über das Land jage. Vielleicht hat sie mich verzaubert." Konrad war sich sicher, dass sein Bruder nicht geträumt hatte. Er hatte Mitleid mit Karl und wurde zornig: „So eine Schande! So behandelt man nicht einmal den schlechtesten Gaul!", rief er und versprach dem Bruder: „Die Margret, die soll was erleben!"

Am selben Abend lauerte Konrad der Hexe auf, als sie mit einem Pferdezaum aus dem Haus schlich. Diesmal sollte es ihr an den Kragen gehen. Konrad sprang hervor, entriss ihr wütend den Zauberzaum und warf ihn der Bauersfrau selbst um. Im selben Augenblick verwandelte die sich in einen Schimmel, der schnaubend und tänzelnd mit den Füßen scharrte. Konrad sattelte das wilde Pferd, bestieg es und gab ihm ordentlich die Sporen. Immer toller trieb er die verwandelte Hexe dabei an, wie er es mit einem echten Pferd noch nie getan hatte. Bald keuchte das Hexentier schwer, und ihm brach mächtig der Schweiß aus.

Wild bäumte sich der Schimmel auf, um den Reiter abzuwerfen. Die verzauberte Hexe bockte und sprang, wehrte sich nach Kräften und buckelte, dass Konrad hin- und hergeschleudert wurde. Aber er war ein ausgezeichneter Reiter, den so schnell nichts aus dem Sattel hob und der jedes noch so wilde Pferd zu bändigen wusste. Durch Gräben, Büsche, Dornengestrüpp und immer die Berge hinauf jagte er den Schimmel.

Bald kamen sie in ein Dorf, in dem Konrad nach dem Haus des Schmieds Ausschau hielt. Er wollte sein Reittier ordentlich beschlagen sehen und damit die Hexe gründlich zur Vernunft bringen. Obwohl es Nacht war, rief er den Schmied zur Arbeit und verlangte vier Hufeisen. Als der Schmied die Eisen aufbrannte und die Nägel einschlug, wunderte er sich, wie sehr

sich das Pferd dagegen sträubte. Aber er war ein kräftiger Mann, der sein Handwerk verstand, und beendete seine Arbeit fachgerecht.

Frisch beschlagen ging es zurück auf den Bauernhof nach Nattenheim. Das Hexenpferd bebte vor Erschöpfung und ging lahm, weil es sich ein Bein vertreten hatte. Konrad sperrte das schweißnasse Tier im Stall ein, wie die Zauberin es zuvor rücksichtslos mit ihrem verhexten Knecht getan hatte. Am anderen Morgen war von Bäuerin Margret weit und breit nichts zu sehen. Das Gesinde wunderte sich und suchte sie überall. Doch die Hausherrin lag nicht in ihrer Kammer im Federbett. Auch in der Küche und auf dem Hof hatte man sie nicht gesehen. Die Ratlosigkeit war groß.

Nach langem Suchen fand man sie am Ende des Stalles in der staubigen, unbenutzten Pferdebox wimmernd und weinend im Stroh liegen. Sie war überall von Dornen zerkratzt und zerschnitten und übersät mit Wunden und Striemen von den Ästen, die sie in Pferdegestalt gestreift hatten. Dort, wo sie die Sporen ihres Reiters zu spüren bekommen hatte, fanden sich zwei klaffende Wunden. Dazu hatte sie verbrannte Fingerspitzen und Fersen.

Sie war so erschöpft, dass sie in ihr Bett getragen werden musste und ihre Mägde sie lange gesund pflegten. Diese Nacht war der Hexe Margret eine ordentliche Lehre. Fortan ließ sie den Knecht in Frieden. Karl erholte sich unterdes rasch und wurde wieder so kräftig wie zuvor. Er beobachtete nun aber, oft mit einem Lächeln im Gesicht, wie gut seine Herrin fortan die Pferde behandelte.

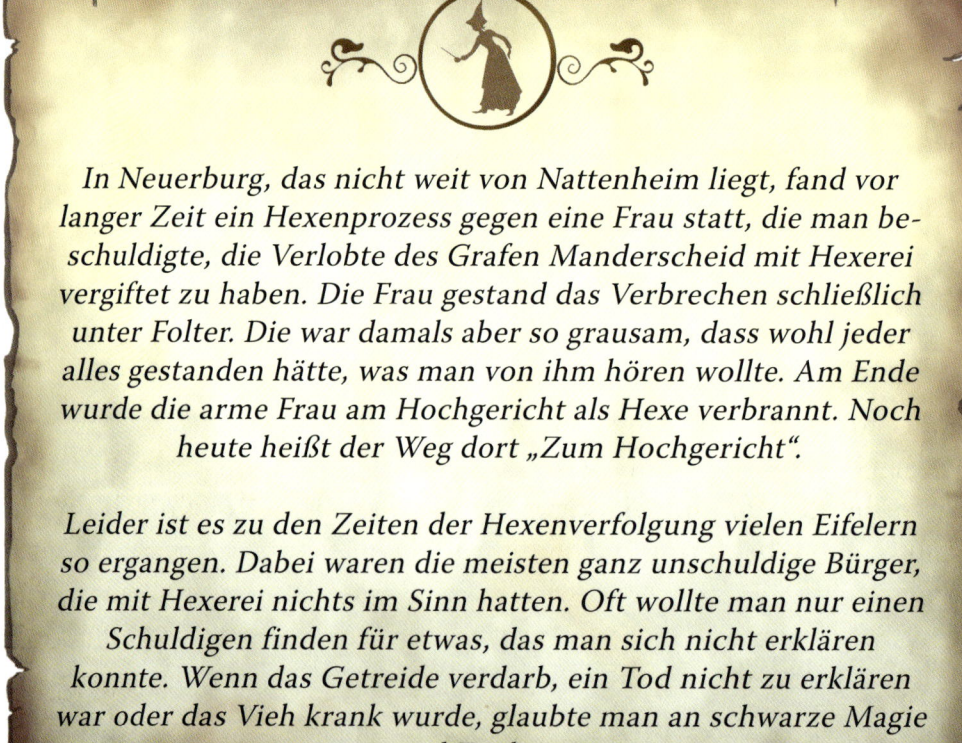

In Neuerburg, das nicht weit von Nattenheim liegt, fand vor langer Zeit ein Hexenprozess gegen eine Frau statt, die man beschuldigte, die Verlobte des Grafen Manderscheid mit Hexerei vergiftet zu haben. Die Frau gestand das Verbrechen schließlich unter Folter. Die war damals aber so grausam, dass wohl jeder alles gestanden hätte, was man von ihm hören wollte. Am Ende wurde die arme Frau am Hochgericht als Hexe verbrannt. Noch heute heißt der Weg dort „Zum Hochgericht".

Leider ist es zu den Zeiten der Hexenverfolgung vielen Eifelern so ergangen. Dabei waren die meisten ganz unschuldige Bürger, die mit Hexerei nichts im Sinn hatten. Oft wollte man nur einen Schuldigen finden für etwas, das man sich nicht erklären konnte. Wenn das Getreide verdarb, ein Tod nicht zu erklären war oder das Vieh krank wurde, glaubte man an schwarze Magie und Zauberei.

Die drei Federn des Drachen

(Gillenfeld bei Daun – Schnee-Eifel)

E s war einmal ein braver Hirte, der hieß Rudwin. Er diente unweit von Daun bei Gillenfeld einem sehr reichen Ritter. Immer wieder staunte er über dessen prunkvolles Leben in der Festung. Obwohl Rudwin jeden Tag einen gewissenhaften Dienst tat, führte er ein karges Leben bei seinen Schafen und Kühen. Mit der Zeit hatte er das alles satt und bat daher seinen Herrn, ihm eine andere Arbeit zu geben.

Der überlegte und sprach: „Reichtum habe ich genug, aber ich möchte ein Mann sein, der die ganze Welt versteht. Am Glasberg lebt ein Drache mit Zauberfedern auf dem Kopf, mit denen man Erkenntnis über die ganze Welt erlangen kann. Wenn du mir drei dieser Federn bringst, sollst du meine Tochter zur Frau bekommen und in den Adelsstand erhoben werden." Rudwin nahm die Aufgabe gern auf sich. Schließlich gefiel ihm auch die Tochter seines Dienstherrn.

Gleich am nächsten Tag machte er sich auf die Reise und wählte den Weg nach Westen in Richtung Schnee-Eifel. Dort stand der Wald wie eine Mauer vor den Grenzen des Landes. Steil und hoch zogen sich die Bergrücken gegen den Horizont und verschluckten das Licht der untergehenden Sonne.

Es hieß, Reisende und Wanderer könnten nie sicher sein, ob sie aus der Schnee-Eifel zurück nach Hause finden. Dies, so hatte Rudwins Großmutter erzählt, war der Ort, wo die Drachen wohnten.

So machte sich der tapfere Rudwin auf den Weg. Nach drei Tagen Wanderschaft traf er einen Bauern. Den fragte er, wohin er seine Schritte lenken sollte. Er antwortete: „Den Glasberg gibt es nicht. Der ist zwischen Erde und Himmel, zwischen dem Anbruch des Tages und der Dämmerung zur Nacht. Die Fledermaus fliegt dorthin und die Grille weist dir den Weg."

Rudwin wanderte also weiter und gelangte am sechsten Tag zu einem Berg, wo er eine Frau traf. Sie sah müde aus und sammelte gerade Beeren. Er sprach sie freundlich an und erklärte sein Anliegen. „Wenn Du den Drachen suchst, dann hast Du ihn gefunden", antwortete sie mit geheimnisvollem Lächeln und fügte hinzu: „Ich bin seine Dienerin und sorge mich darum, dass im Dorf alle in Frieden leben können."

Rudwin staunte über ihre Worte und lauschte mit pochendem Herzen, während sich die Miene der ernsten Frau verfinsterte. „Wie Glas bedeckt das Eis die kalten Höhlen im Fels, wo der Drache schlummert. Er ist schon sehr alt und ein ungestümes, wildes Wesen. Nun ist er ausgeflogen. Am Abend kehrt er in seine Höhle zurück. Er tötet und frisst aber jeden Menschen, den er hier antrifft. Meine Aufgabe ist es, ihm sein Mahl zu bereiten und ihn damit in Schach zu halten. Ich kann dich zu ihm in die Höhle bringen, aber du darfst ihm nicht selbst unter die Augen treten. Das wäre dein Ende."

Rudwin vertraute der merkwürdigen Dame, denn er hatte nur die schöne Tochter seines Herrn im Sinn und die drei Federn des Drachen. Sie schritten einen steinigen Pfad bergauf. Oben angekommen bot die Drachendienerin Rudwin an, ihn in einer kleinen Felskammer unterhalb des Schlafplatzes des Drachen zu verstecken und die gewünschten Federn zu besorgen. Auf diese Weise würde er den Drachen sehen, ohne von ihm bemerkt zu werden. Der mutige Hirte willigte dankbar ein – und so brachte die geheimnisvolle Frau ihn zu einer finsteren Höhle. Kaum waren sie in das Dunkel hineingeschritten,

glänzten die Wände im Fackelschein wie Glas, und hier und da wuchsen Eiszapfen von den Decken herunter oder vom Boden hinauf. Der Hirte zog fröstelnd seinen Mantel um die Schultern und wurde sorgsam versteckt.

Bald zog die Abenddämmerung über das Land. Ein kräftiger Windstoß verriet die Ankunft des Drachen. Mit gewaltigen Schwingen stürzte ein riesenhafter Schatten durch den Höhleneingang herein. Der dunkel schimmernde, schuppige Leib des Drachen, der gewaltige Flügel auf seinem Rücken trug, schob sich zur Höhle hinein. Seine Augen leuchteten gelb im Dunkel der Höhle. Spitze, lange Zähne verbargen eine rote, gespaltene Zunge in seinem Kiefer. Seine Pranken waren so stark und krallenbesetzt wie die eines Löwen. Hinter sich her zog das Untier einen langen Schwanz, auf dessen Ende sich einige Stacheln befanden. Auf dem Kopf trug er tatsächlich einige violett-schwarze, prächtige Federn.

Rudwin konnte das alles gut beobachten. Das gigantische Untier flößte dem mutigen Kerl große Angst ein. Plötzlich schnaufte der Drache aufgeregt. Er hatte mit seiner feinen Nase eine Witterung aufgenommen. Schon schlug er mit den Flügeln und zischte wütend, als ob er etwas davon ahnte, dass er ungebetenen Besuch hatte. Die Drachendienerin schritt aber unbeirrt mit einem großen Kessel auf ihn zu und sprach beruhigend auf ihn ein. Dabei stellte sie das schwere Gefäß vor sein Gesicht, sodass der Duft des feinen Essens das Tier ablenkte.

Mit seinen großen, wilden Augen untersuchte der Drache sein Lager, aber er fand keinen Eindringling. Der wunderbare Duft schien ihn bald ganz zu beruhigen. Er setzte sich artig wie ein braves Hündchen neben den Kessel und verschlang mit großem Appetit, was ihm serviert worden war. Rudwin lief ebenfalls das Wasser im Munde zusammen. Aber er durfte sich ja nicht rühren und musste still ausharren, um sich nicht zu verraten.

Nach dem Abendessen wurde der Drache träge und legte sich mit dickem Bauch auf sein Lager. Nun begann die Drachendienerin das Ungetüm zu pflegen. Sie zupfte seine Federn am Kopf zurecht, schrubbte seine Schuppen

mit groben Borsten, bis sie glänzten, und reinigte seine Krallen und Zähne. Rudwin bemühte sich derweil, nicht vor Kälte, Angst und Hunger laut mit den Zähnen zu klappern. Der Drache streckte sich, neigte sich seiner Wohltäterin entgegen und warf sich auf den Rücken. Die Drachendienerin konnte nun etwas fester an seinen Federn ziehen, um zu prüfen, welche sie wohl ausreißen könnte.

Als der Drache eingeschlafen war, zog die mutige Frau mit einem Ruck die erste Feder heraus. Davon erwachte der Drache, schlug mit dem Schwanz und knurrte böse. Aus seinen Nüstern brodelte weißer, beißender Rauch. Aber die mutige Frau kraulte ihn gleich beschwichtigend und sprach mit ihm, sodass er wieder einschlief. Das Kunststück gelang ihr noch zwei weitere Male. So erhielt sie am Ende die drei gewünschten Federn.

Die Nacht verging still. Als der Morgen dämmerte, öffnete der Drache seine Augen und erhob sich. Er streckte sich und kroch, seinen Schwanz hinter sich her schleifend, zum Ausgang seiner Höhle. Im Sonnenlicht breitete er seine riesigen Schwingen aus und flog in den Himmel. Er zog ein paar Kreise über dem Wald, dann war er hinter den Wolken verschwunden.

Dem armen Rudwin tat inzwischen jeder Knochen weh. Als die Drachendienerin endlich seinen Namen rief, hatte er große Mühe aufzustehen. Freude überstrahlte jedoch schnell sein Gesicht, als er die wertvollen Drachenfedern in Empfang nehmen konnte. Rudwin bedankte sich und sagte: „Komm mit mir nach Gillenfeld! Du sollst meinem Herrn und allen im Dorf erzählen, wie du den Drachen überlistet hast. Ich verspreche dir, du wirst dort ein sorgenfreies Leben haben."

Das Angebot nahm die Drachendienerin gern an und so brachen die beiden gleich auf. Kaum aber waren sie in Gillenfeld angekommen, da sahen sie einen großen, schwarzen Schatten am Himmel. „Der Drache kommt, um mich zu holen", rief die Drachendienerin und sank erschreckt zu Boden. Aber es war zu spät. Der Drache war über ihnen, packte die Frau und hob sie in die Lüfte. Scheppernd ließ er einen Kessel voller Gold und Edelsteine

fallen, den er mit sich getragen hatte. Der ganze Schatz verteilte sich zu Füßen des einstmals so armen Hirten. Für seine Begleiterin konnte Rudwin nichts tun, denn das Untier trug sie bereits weit oben am Himmel zu seiner Höhle zurück. Es wollte seine Dienerin unbedingt behalten, da sie ihm so viel Gutes tat und er sie mit ihren wunderbaren Kochkünsten ansonsten schmerzhaft vermissen würde

Also barg Rudwin den Schatz und brachte ihn mit den Drachenfedern zu seinem Herrn. Dieser freute sich sehr, seinen treuen Hirten wiederzusehen. Sein Versprechen hielt er und gab dem jungen Mann seine schöne Tochter zur Frau. Diese war sehr stolz, einen so tapferen Ehemann an ihrer Seite zu wissen. Schließlich glaubte sie, dass er Drachen bändigen konnte. Das Geheimnis um die Drachendienerin behielt Rudwin für immer für sich.

In der Eifel wird traditionell ein Gericht gekocht, das sich „Döppekooche" nennt. Das ist ein herzhafter Kesselkuchen, hauptsächlich aus Kartoffeln und Zwiebeln, der in einem gro-ßen Topf im Ofen gebacken wird. Da so ein Eifeler Topfkuchen 1-2 Stunden braucht, bis er gar wird, verbreitet er einen wun-derbaren Duft. Vielleicht war das die Leibspeise des Drachens, die ihn vergessen ließ, wonach er eigentlich suchen wollte?

In der Nähe von Gerolstein und Birresborn findet ihr die Eis-höhlen. Diese ehemaligen Mühlsteinbrüche heißen so, weil sich hier besonders kalte Luft sammelt und sich sogar Eis an den Wänden bildet – egal wie warm es draußen ist. Eis sieht oft wie Glas aus. So kann man an den Glasberg denken. Eine der Eis-höhlen bei Roth, einem Vorort von Gerolstein, heißt sogar Dra-chenhöhle, und man kann eine Wanderung zu ihr machen.

Von den Kreuzottern

(Konzen – Hohes Venn)

or langer Zeit lebte einmal ein Junge, den alle Vent nannten, in der Nähe von Konzen. Seine Heimat, ganz im Nordwesten der Eifel, war das Hohe Venn: ein Moor voller sumpfiger Ebenen und einsamer Wälder. Da Vent keine Eltern mehr hatte, diente er als Kuhhirte auf einem Hof. Der Bauer war ein weiser Mann und guter Lehrmeister. Eines Morgens wollte er dem Waisenjungen für seine Arbeit danken und ihm eine Freude machen. So steckte er dem armen Jungen beim Kuhaustrieb eine Ähre zu und sagte: „Die Kornähre ist das Vennland, das uns zu Brot wird. Mit ihm leben und sterben wir. Nimm die Körner und hüte sie wie einen Schatz. So wirst du mit Treue, Stolz, Tapferkeit und Mut belohnt."

Vent mochte seinen Herrn, und so freute er sich über das Geschenk. Behutsam steckte er sich den Kornährenhalm in sein Hemd. Als die Kühe am Staffelbusch friedlich grasten, holte er die knisternde Ähre hervor und betrachtete sie.

Plötzlich sah er im feuchten Gras vor sich eine kohlschwarze, große Schlange liegen, die er zuvor nicht bemerkt hatte. Der junge Kuhhirte erschrak und wich zurück, denn er wusste: Das war eine giftige Kreuzotter. Ängstlich griff er nach seinem Hirtenstab, um das Tier abzuwehren, als sich die Schlange aufrichtete und leise zischend zu ihm sprach:

„Hüte Dich, Junge! Es gibt kein Kind ohne Mutter, kein Fass ohne Butter, keine Kuh ohne Milch, keinen Schrank ohne Zwilch. Morde nicht, Wüter, steh!"

Vent stand ganz still vor Schreck. Was hatte das zu bedeuten? Vorsichtig stammelte er: „Was willst du von mir?"

„Tauche mich ins frische Moorwasser!", verlangte die Schlange.

Vent zögerte und entgegnete: „Wenn ich dich aufhebe, wirst du mich beißen. Dann werde ich vergiftet." Die Schlange neigte jedoch den Kopf und zischte: „Dir soll durch mich kein Leid geschehen. Hab keine Angst, denn dem Mutigen steht die Welt offen."

Da nahm Vent all seinen Mut zusammen, nahm die Schlange vorsichtig auf und trug sie behutsam zum nächsten, glitzernden Wasserloch. Dort ließ er sie langsam in das schwarze Wasser eintauchen. Im nächsten Augenblick war das Tier verschwunden. Doch dort, wo er eben die Schlange hatte glitzern sehen, fand er eine kleine Schuppe der schimmernden Schlangenhaut. „Wie hübsch du bist. Dich werde ich behalten und wie einen Schatz bewahren", beschloss Vent und steckte die Schuppe zu seiner Kornähre in sein Hemd.

Als er sich zurück zu seinen Kühen aufmachte, trat ihm plötzlich ein alter, finster dreinblickender Mann in den Weg. Der sprach: „Gib mir eines von den Körnern deiner Ähre! Ich brauche es zur Speise der Raben, die mich lehren."

„Das Korn mag ich dir nicht geben", sagte Vent zaghaft, „das ist mir heilig. Aber dafür gebe ich dir alles Brot, das ich zum Essen bei mir trage".

Der Finsterling aber grollte, sah Vent streng an und wiederholte seinen Wunsch. Vent erinnerte sich an die Worte des Bauern und blieb standhaft: „Das Korn muss ich hüten, wie mein Herr es mir gesagt hat."

Da rauschte mit einem Ruck ein gewaltiger Regen herab, dass der Kuh- junge die Hand vor Augen nicht mehr sehen konnte, und der Alte war ver- schwunden.

Als Vent an diesem Abend heimkehrte, schwor er sich, niemandem etwas zu erzählen, denn im Venn war es ihm an diesem Tag gar zu unheimlich ge- worden. So nahm er am nächsten Tag wieder Ähre und Schlangenschuppe zum Kühetreiben mit, denn seine Schätze sollten dem tapferen Knaben als Talisman dienen. Als Vent mit seinen Kühen an einem Erlenbruch anhielt, fand er zu seinem Erstaunen wieder eine Kreuzotter im Gras. Sie trug ein starkes, braunes Zickzackmuster und flüsterte zischend:

„Hüte Dich, Junge! Tollkirsche reift, Heidemeer flutet, Weidwunde blutet, Heidmuhme keift. Morde nicht, Wüter, steh!"

Vent blieb still stehen und fragte die Schlange nach ihren Wünschen. Die wollte ins Schlangenkraut gelegt werden und versicherte dem Jungen, ihm nichts anzutun. Im Vertrauen darauf trug er sie an eine Stelle, wo Schlangen- kraut wuchs. Zum Dank schenkte ihm das Tier zwei seiner Rippenbögen, die so zart waren wie Nadeln. Vent steckte sie in seinen kleinen Beutel zu der Schlangenhautschuppe und seiner Ähre.

Als er sich nun aufmachte, wieder zu seinen Kühen zu gehen, stand auf dem Weg eine alte Frau mit blutroten Händen. Sie schaute ihn tückisch an und keifte, dass sie zwei Körner aus seiner Ähre haben wollte, um damit ihre Katzen zu füttern.

Vent erschrak, erinnerte sich aber an den Reim der Schlange. Das musste die Heidmuhme sein, die überall gefürchtete Vennhexe. Der gute Bursche gedachte auch der weisenden Worte seines Herrn.

Also sagte er zur Hexe: „Das Korn mag ich dir nicht geben. Das ist mir heilig. Aber dafür gebe ich dir meine Speckschnitte."

„Nein", fauchte die Alte böse und zischte finster vor sich hin. Aber Vent ließ sich nicht einschüchtern und blieb standhaft, auch wenn die Hexe noch so drohend schaute.

Da wurde es mitten am Tag stockdunkel. Es prasselte ein so heftiger Hagel herab, dass dem armen Kuhhirten die Ohren ganz weh taten. Die Hexe war aber sogleich verschwunden und der Junge ging wieder nach Hause.

Am nächsten Morgen nahm Vent wieder seine Ähre sowie den Beutel mit der Schuppe und den Rippen mit sich hinaus ins Venn. Am Berg Steling traf er erneut eine Kreuzotter an. Ihr Schuppenkleid war hell wie junge Haselnüsse.

Sie flüsterte zischend: „Hüte Dich, Junge! Schnell spricht Urteil Fluch und Fehde, wäge die Rede, wende das Unheil. Beeile Dich Hüter, steh!"

Vent fragte die Schlange nach ihrem Wunsch, und da beugte sie ihren zierlichen Kopf und wollte eine Wacholderbeere auf die Zungenspitzen gelegt haben. Vent wusste, dass es Unheil brachte, den heiligen Baum zu beschädigen, aber die Kreuzotter beruhigte ihn, sodass er am Ende doch tat, was sie sich wünschte.

Als er die Beere gefunden hatte und auf die Schlangenzunge rollen ließ, wisperte und raschelte es plötzlich überall im Heidewald. Unheimliche Stimmen flüsterten aus dem Schilfgras. Ein Windstoß fuhr durch sein Haar, während die Kreuzotter stumm im Weidengebüsch verschwand. In seiner Hand fand Vent nun einen Schlangenzahn, der wie ein funkelnder Edelstein im Sonnenlicht glänzte. Er steckte das schöne Geschenk in seinen Beutel zu den anderen Schätzen und lief wieder zu seinen Kühen.

Auf dem Pfad zu seiner Herde stand plötzlich eine schöne, blasse, junge Frau vor ihm. Mit traurigem Blick bat sie um drei von Vents Körnern für ihre Gänse. Der Junge aber weigerte sich wieder und bot ihr anstelle der Körner die drei Äpfel in seiner Tasche an. Die wollte die schöne Fremde aber nicht. Sie fing an zu weinen und machte ihm schwere Vorwürfe. Als sie sich nicht beruhigen wollte, wurde Vent das Herz so schwer, dass er sich diesmal überreden lassen wollte. Aber in diesem Moment fiel ihm wieder ein, was die Schlangen gesagt hatten, und er blieb standhaft. Da zuckten aus heiterem Himmel sieben grelle Blitze auf ihn herab, die den Kuhhirten zu Boden warfen. Aber sie verfehlten ihn allesamt und so geschah ihm nichts. Das Mädchen war fort. Vent rappelte sich wieder auf und verbarg die Ähre in seinem Schuh.

Am nächsten Tag traf der tapfere Knabe keine Schlange mehr und auch am Tag danach nicht. So zogen die Wochen, Monate und Jahre ins Land und Vent wuchs zu einem arbeitsamen, aufrechten Mann heran. Seine Schlangen-Schätze hütete er sorgsam.

Bald schon wurde seine kleine Kuhherde mit sehr schönen Kälbern gesegnet, und sein guter Dienstherr, der weise Venn-Bauer, war so zufrieden mit ihm,

dass er ihn zum Hofhalter machte. Nun wies Vent selbst fleißige Jungen an, seine Herden achtsam zu hüten und zu pflegen.

Eines Abends im Herbst kam einer der Kuhjungen mit seinen Tieren nicht nach Hause. Alle sorgten sich sehr, denn es dämmerte, und das Ausbleiben des Jungen ließ Schlimmes ahnen. Das trügerische Venn hatte schon einige Opfer gefordert. So manch Verirrter war im Moorboden versunken und nie wieder heimgekehrt. Da packte Vent seine Heiligtümer ein, die ihm stets als Glücksbringer gedient hatten, und machte sich auf, um den Jungen zu retten.

An diesem üblen Abend geriet der gute Mann aber selbst in die Sümpfe, die er doch eigentlich so gut kannte. In Unwetter und Dunkelheit war er vom Weg abgekommen und hatte sich verirrt. Der Boden wurde immer weicher unter seinen Füßen. Er fand kaum noch Halt, und bald war er in einer hoffnungslosen Lage. Der Moorboden umklammerte unnachgiebig seine Beine, sodass er weder vor noch zurück kam. Seine Kraft verließ ihn. Vent fühlte, dass sein Leben in großer Gefahr war.

Verzweifelt schaute er sich im Dunkel um und sah plötzlich etwas abseits einen alten Mann in schwarzem Gewand vor den ringsum wuchernden dunklen Büschen. Mit Schrecken erkannte der Bursche, dass es der Alte war, der ihm im Venn viele Jahre zuvor in den Weg getreten war. Vent erinnerte sich, wie der Greis nach seinen Körnern gefragt und er ihm seinen Wunsch abgeschlagen hatte. Da schämte sich der Bauer so sehr, dass er aufhörte, sich gegen die Kräfte des Moores zu wehren. Unterdes schlug der finstere Mann seinen Umhang auf und heraus kamen zwei krächzende Raben geflogen. Die schwarzen Vögel packten den Unglücklichen an den Schultern und zogen ihn aus dem Sumpfloch zu festem Boden hin.

Vent atmete tief, denn er war gerade dem Tode entkommen. Als er sich aufraffte, erblickte er das Gesicht des alten, geheimnisvollen Mannes vor dem Dunkel der Büsche. Der stand immer noch da und lächelte nur, legte einen Finger auf die Lippen und verschwand auf der Stelle. Dankbar für

seinen ungewöhnlichen Schutzgeist tastete Vent nach seinen Habseligkeiten und bemerkte, dass die Schlangenschuppe fehlte.

Trotz Regen und Sturm schleppte sich der junge Mann weiter, den Vermissten zu suchen. Laut rief er nach ihm, denn er hoffte auf eine Antwort aus der schweigenden Moorebene. Da stieg ein undurchdringlicher Nebel auf und nahm ihm die Sicht.

Plötzlich ertönte hinter ihm ein harsches Fauchen. Ein grünes Lichtlein glimmte in der weißen Nebelwand vor ihm auf. Aus den dichten Schwaden kam die Heidemuhme heran. Ihre schwarzen Katzen sprangen auf Vent zu und krallten sich in seinen Nacken. Dieser dachte nun ängstlich an die Bitte, die er der Hexe einst abgeschlagen hatte. Er senkte seinen Kopf und erwartete das Schlimmste. Da aber lächelte die Hexe, zwinkerte und legte zwei Finger auf ihren Mund. So lichtete sich der Nebel und die Zauberin war mit ihren Katzen verschwunden. Wieder fühlte Vent nach seinem Beutel und – siehe da – die Rippenbögen der zweiten Schlange waren fort.

Aus dem Hattlicher Rotfichtenwald hörte Vent jetzt die Kühe deutlich rufen. Das Unwetter zog sich noch ärger zusammen. Also beeilte er sich, die Tiere durch das hohe Gras zu erreichen. Da schlug ein bleicher Blitz krachend in einen der Bäume direkt neben ihm ein und steckte alles in Brand. Der Hofhalter fiel durch die Naturgewalt zu Boden. Die Glut des brennenden Baumes versengte seine Kleider und sein Gesicht. Mit letzter Kraft umklammerte er seinen Beutel, der nur noch den Schlangenzahn barg.

Da flog eine ganze Schar Gänse aus dem Gras herauf. Mit ihren weißen Schwingen wendeten sie den Brand in eine andere Richtung. Aus ihrer Mitte schritt ein bleiches, schönes Mädchen auf Vent zu und half ihm auf die Beine. Er erkannte sie als diejenige, die damals seine Körner haben wollte, diese aber nicht bekommen hatte, und sein Gewissen begann ihn zu plagen. Bevor er wieder zu Boden sank, erkannte der Verzweifelte aber, dass das Mädchen die Leitkuh hinter sich führte, die den kleinen Hirtenjungen trug. Alle Kühe der Herde folgten ihr und waren wohlbehalten.

Als das Mädchen ihn anlächelte, liefen Vent Tränen der Freude über sein Gesicht. Sie aber legte nur drei Finger auf ihren Mund und verschwand mit ihren Gänsen zwischen den Rotfichten. Vent wusste, dass sein Beutel nun leer war. Sogleich tröstete er den verstörten, kleinen Kuhjungen und strich der Leitkuh über die Stirn. Dann führte er sie alle glücklich nach Hause.

Die Freude auf dem Hof war unbeschreiblich, als alle wohlbehalten zum Tor hineintraten. Noch heute spricht man im Vennland von Vent, dem tapferen Kuhhirten. Gerne erinnern die Menschen an seinen Mut, seine Tapferkeit, seine Weisheit und seine unerschütterliche Treue.

Konzen gehört zu Monschau und ist der älteste Teil des Städtchens. Das Hohe Venn ist eine Hochmoorebene, die sich im Nordwesten der Eifel an beide Orte anschließt. Heute sind die Sumpfgebiete über Wanderpfade begehbar, die man aber auf keinen Fall verlassen darf. Denn man könnte tief im Morast versinken. Auch heute noch werden Menschen im Hohen Venn vermisst gemeldet.

Hier findet ihr auch das Schlangenkraut, die Heide, das hohe Gras, den Wachholder sowie die Rotfichtenwälder, von denen im Märchen die Rede ist. Ihr könnt sogar den Weg zum Stelling gehen, den Berg, an dem Vent seine Kühe weidete und eine der Schlangen traf.

Die Kreuzotter gehört zu den Tieren, die im Venn eine Heimat haben. Die Schlange ist wie in diesem Märchen oft unterschiedlich gefärbt: Von silbergrau über orange, braun, rötlich bis schwarz sind ihre Schuppen. Auffällig ist meistens ihr dunkles Zickzack-Muster auf dem Rücken. Da die Kreuzotter giftig ist, sollte man sie aber auf jeden Fall in Frieden lassen und nicht anfassen.

Der Schatz auf der Hohen Acht
(Kaltenborn)

Im Örtchen Kaltenborn am Fuße der Hohen Acht lebte vor langer Zeit der aufgeweckte, neugierige Felix. Je älter er wurde, umso mehr wollte er von der Welt sehen und Kaltenborn wurde ihm zu klein. Bald war er herangewachsen und bat seine Eltern, ihm eine Ausbildung in der Ferne zu ermöglichen. Diese gaben ihre Erlaubnis, und so zog er los, um das Land zu bereisen und einen Beruf zu erlernen.

Weit von seiner Heimat entfernt fand Felix schließlich eine gute Arbeit. Dort lebte er einige Jahre ohne Sorgen. Erst ein Brief seiner Schwester Katharina weckte in ihm die Sehnsucht, wieder in die Eifel zurückzukehren. Denn darin stand, dass sie heiraten wollte und sich nichts sehnlicher wünschte, als ihren Bruder bei sich zu haben. Da packte Felix das Heimweh, und er machte sich auf den Heimweg.

Nach vielen Tagesmärschen erreichte er die Eifel. Doch bis nach Kaltenborn war es noch weit, und die Sonne ging bereits unter. „Ich sollte mir ein Nachtquartier suchen", dachte er. An einem abgelegenen Bauernhof bat er um Unterschlupf. Die Bewohner des Hofs hatten aber keinen Platz für Gäste, und so brachten sie ihn zu ihrem Vater. Der hatte auch keinen Platz auf seinem Hof und brachte den Reisenden wiederum zu seinem Vater. So ging das insgesamt sieben Mal, bis Felix im Haus des Ur-Ur-Ur-Ur-Urgroßvaters der Familie aufgenommen wurde.

Dieser knorrige Greis musste so uralt wie die Berge ringsum sein, aber er hatte noch eine kleine Kammer für Felix frei. Gemütlich sein Pfeifchen rauchend, saß der alte Mann mit langem, weißem Bart in seinem klapprigen Lehnstuhl. Gern ließ er sich am Ofenfeuer von der langen Reise des Heimkehrers erzählen, staunte, wie weit der schon gelaufen war und wie weit er es noch bis Kaltenborn hatte.

Als Felix mit seiner Erzählung fertig war, krächzte der Alte fröhlich: „Oh Kaltenborn, die Gegend kenne ich gut! Da habe ich gestern ein ordentliches Gewitter hingeschickt. Der Blitz hat dort gleich zweimal eingeschlagen!" Dann lachte der Greis vergnügt in sich hinein. „Wie merkwürdig", dachte Felix bei sich. Doch wie die beiden da so gemütlich am Feuer saßen, wollte der junge Mann nicht unhöflich sein oder weitere Fragen stellen. So erzählte er stattdessen: „Mein Schwester wird morgen heiraten." Mit traurigem Achsel-zucken fügte er hinzu: „Jetzt ist es aber zu spät, um rechtzeitig anzukom-men. Von hier aus nach Kaltenborn ist es in einem Tag nicht zu schaffen."

Der ur-ur-ur-ur-uralte Mann kicherte wieder in sich hinein und murmelte mit knarrender Stimme: „Ich bringe dich noch in dieser Nacht nach Hause. Du musst dich nur auf das erste Tier setzen, das dir heute Nacht begegnet." Jetzt lachte auch der Heimkehrer und wollte wissen, wie das denn möglich sei. Da lächelte der greise Bauer geheimnisvoll und fügte hinzu: „Du darfst nur mit niemandem sprechen."

Felix war der merkwürdige Vorschlag nicht geheuer, aber weil er so eine Gelegenheit sah, die Hochzeit nicht zu versäumen, wollte er es versuchen. „Nun gut", versprach er seinem Gastgeber, „ich tue, was nötig ist, um nach Hause zu kommen." Die beiden Männer aßen noch miteinander, und der Urvater sprach noch eine Weile mit seinem Gast, bevor er ihn zu Bett schickte. Felix bedankte sich bei dem Alten, tat wie ihm geheißen und dachte noch eine ganze Weile an die seltsamen Worte des Hausherren.

Kurz nachdem Felix in einen tiefen Schlaf gefallen war, erhellte ein unheimliches Glühen die Schlafkammer. Alles schien ihm wie im Traum: Ungläubig schlug er die Augen auf und sah vor sich einen stattlichen, pechschwarzen Ziegenbock mit langen, gedrehten Hörnern stehen. Der Bock schaute ihn mit funkelnden Augen an. Felix erinnerte sich sogleich an das, was ihm der alte Mann geraten hatte: Er kletterte vorsichtig aus dem Bett und schwang sich auf den Rücken des Tieres.

Aber kaum, dass der junge Mann saß und die Hörner des Tiers umfasste, da ging es schon zur Kammer hinaus. Wie der Wind über Stock und Stein sprang der Geißbock in irrwitzig schnellen Sprüngen davon. Bald ging das so pfeilschnell, dass er wirklich zu fliegen begann und hoch in der Luft die Wolken durchstieß. Felix stand der Mund vor Erstaunen offen. Er musste sich gut an den Hörnern festhalten, um nicht herunterzufallen.

Rasch tauchte unter ihnen ein Berggipfel auf, den der Kaltenborner nur zu gut kannte. Über den vertrauten Anblick freute sich Felix so sehr, dass sein Herz noch schneller schlug: Sie waren auf dem Gipfel der Hohen Acht angekommen. Der Ziegenbock hielt schließlich auf dem Berg an. Auf einer Lichtung scharrte er im Boden einen großen Stein frei. Felix begriff, dass er den Stein anheben sollte. Als er das tat, erschrak er, denn unter dem Stein lag eine Schlange zusammengeringelt.

Das magische Reittier meckerte laut, und Felix griff nach der Schlange. Wie von Zauberhand verwandelte diese sich im selben Augenblick in einen Schlüssel. Nun führte der Bock seinen Reiter zu einer Tür. Sie war gut im

Fels verborgen und für niemanden sonst sichtbar. Mit zitternden Händen umklammerte der junge Mann seinen Schlangenschlüssel. Vorsichtig öffnete er die Tür. Voller Verwunderung blieb er stehen und traute seinen Augen nicht, denn vor ihm war ein Raum voller Gold, Silber und Edelsteine.

Der mutige Wanderer konnte sein Glück kaum fassen. Schnell stopfte er sich die Taschen voll, verschloss die geheime Schatzkammer wieder und versteckte den Schlüssel unter einem schweren Felsbrocken. Mitsamt seinen Reichtümern bestieg er wieder den schwarzen Ziegenbock, der ihn schnell wie der Blitz nach Kaltenborn brachte. Am Haus seines Vaters angekommen, war Felix von seinen Abenteuern so erschöpft, dass er in der Scheune gleich neben seinem Bock in einen tiefen Schlaf fiel.

Als der Heimkehrer am nächsten Morgen erwachte, war der Ziegenbock fort. Stattdessen lagen überall die Kostbarkeiten verstreut, die er in der Nacht gesammelt hatte. Ach, was war die Freude groß, als die Familie den Sohn wieder in die Arme schloss. Er hatte es mit Hilfe des merkwürdigen Greises rechtzeitig zur Hochzeit seiner Schwester geschafft und konnte sie zudem reich beschenken.

Da Felix nun das Geheimnis um den Schatz der Hohen Acht kannte und auch froh war, wieder bei seiner Familie zu sein, beschloss er, Kaltenborn nicht mehr zu verlassen. Wann immer auf dem Hof Geld benötigt wurde, schlich der findige Bursche zur verborgenen Kammer und füllte seine Taschen mit Gold.

Die Leute im Dorf begannen sich schnell zu wundern. So kam es, dass Felix´ jüngerer Bruder ihm eines Abends nachschlich. Er wollte das Geheimnis lüften, wie es ohne großes Zutun möglich war, zu so einem guten Stand zu kommen. Im Gebüsch versteckt, beobachtete der Junge genau, wie Felix die Schlange unter dem Stein hervorholte, diese sich in einen Schlüssel verwandelte und sich so die Kammer im Berg öffnete. „Schon morgen werde ich zurückkommen und mir selbst etwas vom Schatz nehmen", beschloss er.

Als der listige Bruder allerdings den Stein hob und die Schlange sah, erschrak er so sehr, dass er einen Fluch ausstieß und die Schlange vertrieb. So musste er unverrichteter Dinge wieder heimgehen. Die Schlange kehrte nie wieder zu ihrem Versteck zurück. Damit war der Schlüssel verloren und der Schatz der Hohen Acht für immer im Berg eingeschlossen.

Zu früheren Zeiten war in der Eifel die Ziege so beliebt, dass ihre Haltung per Gesetz eingeschränkt und in den Wäldern sogar ein strenges Ziegenverbot ausgesprochen wurde. Die „Jeiß" war die Kuh des armen Mannes. Nahezu jeder konnte sich eine leisten und freute sich an dem genügsamen Tier. Der Kreis Ahrweiler hielt noch im letzten Jahrhundert mit viertausend Tieren den absoluten Ziegenrekord.

In Zülpich hat man 2014 der Ziege ein Denkmal gesetzt: Eine Ziegenbockstatue aus Bronze verziert dort den Andreas-Broicher-Platz. Auch der 1. FC Köln kommt nicht ohne Geißbock als Glücksbringer aus und zeigt, wie eng die Region mit ihren Ziegen verbunden ist.

Man glaubte lange, dass Ziegen die Wagen der Hexen zogen, man auf ihnen reiten konnte, und dass Ziegen Krankheiten von anderen Tieren abwendeten. Daher hielten sich sogar reiche Bauern Ziegen in ihren Pferdeställen.

Vielleicht besucht ihr in der Eifel einmal einen Ziegen-Bauernhof oder einen Tierpark? Dort könnt ihr erschnüffeln mit welchem Geruch der Ziegenreiter zur Hochzeit seiner Schwester erschienen ist.

Das Hövelsmännchen
(Udenbreth – Hellenthal)

Vor einigen hundert Jahren reichten die Wälder im Westen der Eifel bis an die Dorfränder heran. Man nannte die Gegend ehrfürchtig „Zitterwald", denn in der Dunkelheit fürchteten sich die Menschen davor, die alten Wälder zu durchqueren. Besonders unheimlich und gefährlich sollte es im Wald zwischen Udenbreth und Berk zugegangen sein. Wenn aus den Dörfern ein paar ungestüme Burschen auf die Idee kamen, zu wildern oder heimlich Holz zu stehlen, riefen die alten Greise entsetzt: „Meidet den Wald bei Nacht! Grausig ist es da!"

Dieser Wald, der in so üblem Ruf stand, beheimatete die ältesten und höchsten Bäume der ganzen Gegend. Wie Säulen streckten die uralten Baumriesen ihre blättrigen Astarme in den Himmel. Ihre Stämme, dick wie Wachtürme, trotzten den kalten Winden und wuchsen so kräftig, als wollten sie den Wolken als Stützpfeiler dienen.

In der Gegend um Udenbreth erzählte man sich, dass in den alten Forsten das Hövelsmännchen umging und die Menschen in Angst und Schrecken versetzte. Dieser Waldgeist sollte so alt sein wie der Wald selbst. Wer Unfug trieb, achtlos auf Pflanzen und Wurzeln trat oder die Tiere aufscheuchte, den erschreckte der Kobold fürchterlich. Mit wilden Grimassen, lautem Getöse und allerlei unheimlichem Durcheinander erschien er, denn seine Aufgabe war es, den Forst zu schützen und zu bewachen.

Allerdings weckten die Geschichten, die über den Zitterwald im Umlauf waren, bei zwei robusten Burschen aus Udenbreth nur Neugier und Abenteuerlust. Tim und Pit hießen die beiden, die tagsüber als Knechte schufteten und abends gern in der Wirtschaft zusammensaßen und tranken. Dort lauschten sie gerne den verängstigten Wanderern, die im Wirtshaus von haarsträubenden Erlebnissen berichteten.

Eines Abends überkam sie große Lust, den Spuk herauszufordern. Im Wald, so beschlossen sie, wollten sie sich als harte Kerle beweisen. Die beiden Schlitzohren verabredeten heimlich, genau in dem Waldstück Bäume zu fällen und Holz zu stehlen, wo es am meisten spuken sollte. Mit ihren Äxten, dicken Jacken, Öllampen und reichlich Übermut bewaffnet zogen sie am nächsten Abend los.

Es war still, dunkel und kein Lüftchen regte sich, als die beiden das Dorf verließen. Sie bahnten sich ihren Weg durch das Unterholz und lachten dabei laut schallend über die Erzählungen vom Zitterwald. An ihrem Ziel angekommen, schauten sie sich um. „Wie prachtvoll hier die Bäume wachsen", staunten sie, als sie ihre Blicke die Stämme entlang in den dunklen Himmel richteten. „Trotzdem sind es Bäume wie alle anderen. Sie sind auch nur aus Blättern und Holz", spotteten sie. In der Stille der Nacht begannen Tim und Pit fröhlich damit, einen Baum auszuwählen, den sie fällen wollten. Nach kurzem Überlegen traf ihre Entscheidung eine schöne, junge Buche. Tim setzte gleich an, um zum Schlag auf das prächtige Gewächs auszuholen.

So wie der Bursche jedoch seine Axt erhob, brach Getöse los: Ein heftiger, heulender Windstoß fegte durch alle Blätter und blies den nun gar nicht mehr so mutigen Tim fast davon. Kräftig rüttelte der unheimliche Sturm an allen Ästen, und es war, als sei eigenartiges Leben ringsum erwacht. Mit tausenden Blättern und Nadeln raschelnd und raunend schienen die Bäume miteinander zu flüstern und in Bewegung zu geraten, während ihre Wurzeln bebten und sich zitternd nach den beiden Eindringlingen ausstreckten.

Erschreckt sahen sich die Burschen um: Der Wald war nun gar nicht mehr so friedlich und still. Es war, als wären die Bäume wie von Zauberhand zu lebendigen Riesen geworden, die nun wütend und finster auf die Unruhestifter blickten. Es schien, als würden die Bäume immer enger zusammenrücken, bis sie die Knechte wie Soldaten umringten. Überall sahen Tim und Pit spitze Astenden auf sich gerichtet. Unter ihren Füßen knirschten Kiesel im Boden. Die Wurzeln der Bäume wanden sich wie Schlangen zu einem unüberwindbaren Labyrinth. Wie gerne wären sie davongelaufen. Doch sie waren wie versteinert und konnten sich nicht mehr rühren.

Plötzlich wehte der Wind nicht mehr und die Baumriesen verharrten tief über die Burschen gebeugt. Diese spürten, wie das Leben in ihre Gliedmaßen zurückkehrte, und begannen sich aus ihrer steinernen Position zu lösen. Eilig wollten sie flüchten, um so schnell wie möglich Schutz im Dorf zu suchen. Aber mitten auf dem Weg zwischen Wurzeln und Geäst stand eine seltsame Gestalt.

Nein, der wütende Kobold stand nicht. Er schwebte über dem Boden. Um ihn herum loderten rote Flammen. Sein Gesicht wirkte finster. Die Knechte erkannten gleich, dass es das Hövelsmännchen war. Sie wussten, mit diesem Waldgeist war nicht zu spaßen. Böse starrte er sie aus hellen Augen an, die glühend genug waren, dass es ihnen durch Mark und Bein ging. Er hielt eine Peitsche mit mehreren Enden in der Hand, aus denen sonderbar leuchtende Funken schlugen.

Zornig knallte der Wicht die Peitsche auf den Weg und schwang sie dann hoch über seinem Kopf, sodass überall die unheimlichen Funken niedergingen. Glühend versengten sie den Burschen die Kleider und die Haare. Wie Hagel prasselten dazu trockene Zapfen, alte Aststücke, Bucheckern, spitze Tannennadeln und harte Eicheln aus der Höhe auf die beiden Kerle herab. Die schlugen schützend ihre Hände über den Köpfen zusammen.

Das Hövelsmännchen flog nun hoch zu den Baumkronen und behielt die beiden Knechte unablässig in seinem wütend funkelnden Blick. „Ihr seid

hier nicht willkommen!", rief es von oben herab und seine Stimme hallte zwischen den Baumwipfeln wider. So schnell sie ihre zitternden Beine trugen, rannten Tim und Pit los. Wie von wilden Wölfen gehetzt keuchten sie durchs Unterholz, sprangen über Wurzeln und streiften durch dornige Büsche und Sträucher. Dabei wurden sie fürchterlich zerkratzt, und unzählige Äste schlugen ihnen in die Gesichter, sodass sie Striemen davontrugen.

Keiner von beiden traute sich, einen Blick zurückzuwerfen. Schnaufend und mit kaltem Schweiß am ganzen Körper schafften es Pit und Tim bis zum Waldrand und zurück nach Udenbreth. Beide waren sich einig, dass sie so etwas nicht noch einmal erleben wollten. Und so wurden sie zu braven Männern, die nun selbst im Wirtshaus die Geschichten vom unheimlichen Zitterwald und dem Hövelsmännchen erzählten und Reisende davor warnten.

„Hövel" bedeutet so viel wie Hügel. Die Hövelsmännchen sind in der Eifel also so etwas wie die Schutzgeister der Erde. Die Menschen glaubten, dass sie Bergkobolde waren, die mit ihren Peitschen die Wälder bewachten, die ihnen heilig sind.

Udenbreth liegt mit seinem Spukwald ganz im Westen der Eifel an der Grenze zu Belgien. Dieses Gebiet ist auch heute noch unter dem Namen Zitterwald bekannt. Die Gegend ist recht einsam und abgelegen. Ob hier der Wald zittert oder der Wanderer, der ihn betritt, das soll an dieser Stelle offen bleiben. Vielleicht wagt ihr einmal einen Spaziergang hinein? Wenn man nicht vorhat, die Bäume zu fällen oder zu verletzen, kann man davon ausgehen, dass das Hövelsmännchen versteckt bleibt.

Der schiefe Turm von Mayen
(Mayen)

Auf der Genovevaburg in Mayen lebte vor langer Zeit ein sehr reicher Graf mit seiner Gemahlin. Diese war eine Edeldame mit gütigem Herzen. Vor allem um die Armen kümmerte sie sich, denn sie war der Überzeugung, dass dort, wo Armut herrscht, auch das Böse leicht Einzug halten kann. Daher machte sie es sich zur Aufgabe, jeden Tag zu den Armen der Stadt zu gehen, um ihnen Essen, Trinken und warme Kleidung zu bringen. Sie versorgte die Alten, Kranken und die Kinder und spendete denjenigen Trost, mit denen es das Schicksal nicht gut gemeint hatte. Die Gräfin war beliebt im Volk. Auch der Graf unterstützte die Beschäftigung seiner Frau gerne, denn sie brachte nur Gutes.

Nun gab es aber einen bösen Geist am Ort, dem das alles überhaupt gar nicht passte. Solange die Menschen litten, hatte er leichtes Spiel mit ihnen. Er flüsterte ihnen üble Gedanken zu und trieb sie dazu an, zu stehlen, zu lügen und missgünstig zu sein. Doch durch die Hilfe der frommen Gräfin waren die Bürger nicht mehr elend und folgten dem Geist nicht mehr. Friedlich und freundlich gingen die Mayener miteinander um. Doch nur wer Unrechtes tat, den konnte der Teufelsgeist in sein Reich voller Feuer und Dunkelheit mitnehmen.

So sah er bald ein, dass er bald etwas unternehmen musste, wenn er weiterhin Seelen für sein Höllenfeuer gewinnen wollte. Er begann daher unbemerkt die Gräfin bei ihren Fahrten zu verfolgen und zu beobachten, um herauszufinden, wie er Schaden anrichten könnte. Dabei bemühte er sich nach Kräften, ihre guten Taten zu stören oder zu vereiteln und sie vom rechten Wege abzubringen. Doch so sehr sich der Beelzebub bemühte, es half alles nichts. In seiner Not versuchte es der Meister des Bösen daraufhin beim Grafen selbst, denn so schnell wollte er nicht aufgeben.

96

„Wenn ich schon nicht die Gräfin verderben kann, dann werde ich ihren Ehemann auf meine Seite ziehen", überlegte der Teufel. Nachts schlich er heimlich ans Bett des Herrschers und begann, in ihm Misstrauen, Zweifel, Hass und Unverständnis zu säen. Das war eine ganze Menge Arbeit, denn auch der Graf hatte eine reine Seele. Aber weil er sich nach allen Regeln der teuflischen Künste bemühte, hatte er bald schon Übles angerichtet.

Schon am nächsten Abend rief der Graf nach seiner Frau und verbot ihr, sich weiter um die Armen zu kümmern. „Es gehört sich für eine Gräfin nicht, sich so oft unter das gemeine Volk zu mischen und sich mit dessen Angelegenheiten zu beschäftigen. Dein Platz ist hier auf der Burg. Halte dich fern von den Leuten in der Stadt", schimpfte der Graf.

Die Gräfin war darüber sehr traurig und weinte nachts in ihrer Kammer stille Tränen. „Warum ist mein Gatte nur so verändert?", überlegte sie. „Wo er doch stets gütig und gutherzig war." Sie grübelte, bis am Morgen die Sonne aufging, und beschloss im Stillen, das Verbot ihres Gatten nicht zu beachten. Ohne ihre Hilfe würden sich unter den armen Mayenern Hunger und Elend schnell wieder ausbreiten und das Böse in die Stadt zurückkehren. Das wollte sie unter keinen Umständen zulassen.

Der Teufel allerdings beackerte weiterhin jede Nacht die Seele des Grafen. Er trug jetzt sogar dem Ehemann auf, seine Frau zu belauern und zu verfolgen. Eines frühen Morgens erwischte der Graf seine Frau dabei, wie sie sich gerade wieder auf den Weg in die Stadt machen wollte. In ihrer Schürze schien sie etwas zu tragen. Das schürte sogleich den Zorn des vom Teufel gerittenen Grafen. Wütend schrie er sie an: „Weib, was treibst du da? Ich habe dir verboten, weiter deine Gaben unter das Volk zu bringen! Was hast du da in deiner Schürze?"

Die Gräfin erkannte ihren Ehemann kaum, denn so bösartig hatte er sie noch nie zuvor angesprochen. Sie wagte nur leise zu antworten: „Es sind Blumen. Nichts weiter als Blumen." Der Graf aber traute den Worten seiner Frau nicht und schlug mit einem Ruck die Schürze herunter. Viele bunte

Wiesenblumen fielen da zu Boden und ein farbiger Blütenteppich breitete sich vor ihren Füßen aus.

Beim Anblick der bunten, freundlichen Blüten und seiner gütigen Frau wurde dem Grafen ganz warm ums Herz. Plötzlich erkannte er, wie gemein er gewesen war, und kam wieder zu Verstand. Die Pracht der Blumen hatte seine Sinne geklärt und das Gute wieder in ihm geweckt.

„So schön bist du, meine Liebste, und so rein ist deine Seele. Der Teufel muss mit mir sein Spiel getrieben haben", sprach der Graf. Er fiel auf seine Knie, bat um Verzeihung und wollte ein Gebet sprechen, um die schlechten Gedanken aus seinem Kopf zu verbannen. Die großzügige Gräfin verzieh ihrem Mann: „Komm mit, mein Geliebter", sagte sie, „lass uns gemeinsam durch die Stadt gehen und mit den Menschen unser Glück teilen."

Als der Teufel sah, wie einig und vertrauensvoll verbunden die beiden Eheleute in Richtung Kirchplatz gingen, wurde er zornig. Er schwang sich in die Luft, packte mit seinen Klauen die Kirchturmspitze, drehte sich im Flug einmal kräftig darum und zerrte wie wild daran. Das Gebäude erbebte und der Turm wand sich unter den Händen des Beelzebub wie eine Schnecke.

Seither ward der Teufel in Mayen nicht mehr gesehen. Der Kirchturm aber blieb ganz verdreht und krumm stehen. Er erinnerte den Grafen, seine Frau und die Mayener daran, einander treu und aufrecht zu begegnen und Vertrauen zu schenken.

Der Kirchturm der Mayener Pfarrkirche St. Clemens ist das Wahrzeichen von Mayen. Wegen eines Fehlers beim Bau ist der Turm leider ziemlich schief geworden. Es gibt aber noch eine andere Sage aus Mayen, die das erklärt: Die Handwerker hatten beim Bau der Kirche nicht genügend Steine. Der Teufel bemerkte das und wollte wissen, was die Menschen da bauten. Die belogen den Höllenfürsten und erzählten ihm, dass sie ein Wirtshaus mit Tanzsaal bauten. Sofort begann er fleißig zu helfen, erkannte aber zu spät, wobei er da mitgemacht hatte. Da wollte er den Kirchturm abbrechen, schaffte das aber nicht. Seitdem ist der Turm schief.
Die Kirche St. Pankratius von Kaisersesch, nicht weit von Mayen entfernt, hat wohl ebenfalls Bekanntschaft mit dem Teufel gemacht, denn ihr Kirchturm ist ähnlich schief. Ob der Höllenfürst auf seinem Weg daran vorbeigeflogen ist?

Die Grafentöchter und die Landskrone
(Berg Landskrone)

Am Rande des Ahrtals erhebt sich weithin sichtbar ein stolzer Berg, den man die Landskrone nennt. Auf seinem Gipfel stand einst eine herrschaftliche Burg, die Reichsburg Landskron. Vor langer Zeit lebte hier ein edler Graf mit seinen drei wunderschönen Töchtern. Junge Männer von Adel und Ritterstand, die um ihre Gunst buhlten, gab es viele. Doch so recht wollte den Mädchen keiner gefallen.

Einer von ihnen glaubte, sein Erfolg bei den Mädchen sei ihm schon durch sein einschüchterndes Auftreten sicher. Aus einem benachbarten Rittergut kam er herbeigeritten, um um die Hand der jüngsten der drei Schwestern anzuhalten. Dem Mädchen allerdings gefiel der Bewerber nicht. Es lehnte seinen Antrag ohne Umschweife ab. Zu unritterlich führte er sich auf, und sein Gehabe schien ihr zu eingebildet. Darüber wurde der Ritter so zornig, dass er für seine Abweisung bittere Rache schwor.

Eines Tages wollte der Vater der Mädchen mit seinem Gefolge auf die Jagd gehen, und so ließ er die Schwestern allein auf der Burg zurück. Auf diese Gelegenheit hatte der rachsüchtige Ritter, den die Jüngste verschmäht hatte, gewartet. Er fiel mit gezogenem Schwert und mitsamt seinen Vasallen in die Burg ein. Alles, was wertvoll war, wurde geplündert und jedes Gemach durchsucht und verwüstet. Wer sich den Raubrittern in den Weg stellte, wurde hart bestraft.

Da heckten die Zofen der Mädchen eine List aus. Sie kannten alle Gänge und Winkel der Burg und wussten einen Weg, durch den die edlen Kinder unbemerkt fliehen konnten. Als in dem Aufruhr, den die Plünderer mit sich brachten, niemand die Grafentöchter finden konnte, setzten die Raubritter die Burg in Brand. Die drei Schwestern waren unterdessen sicher in einem Versteck in der Felsschlucht verborgen. Die Ruhe war aber nur von kurzer Dauer.

Die wilden Raubritter wollten nicht ablassen von ihrem Tun und den ganzen Berg absuchen. So geschah es, dass die Mädchen doch noch gefunden wurden. Der garstige Raubritter wollte sich schon mit dem Schwert auf die erste Schwester stürzen, als der Boden mit einem Mal zu grollen begann. Lange hatte der Berg geschlafen, doch die Rachsucht und Erbarmungslosigkeit des Unholds ließ die Landskrone erbeben.

Erschreckt verloren die Raubritter fast den Halt unter ihren Füßen. Zitternd tat sich im Fels ein Spalt auf. Die Landskrone breitete ihre Arme aus Stein und Erde auf und nahm die Grafentöchter in ihren schützenden Mantel. Vor den Augen des Angreifers waren die Mädchen sofort im Berg verschwunden und unerreichbar verschüttet. Die Raubritter konnten jetzt noch lange gegen den Fels schlagen. Das war aber alles vergeblich, denn der Berg war mächtiger als alle Ritter des Landes zusammen.

Im Innern des Berges fanden sich die Schwestern in einer warmen Grotte aus Erde wieder. Hier waren sie vor allen Eindringlingen sicher. Weich und gemütlich war es inmitten der Landskrone, die warm glühte.

Die Schwestern fühlten sich gut aufgehoben. So wüst die Angreifer auch draußen toben mochten und mit ihren Schwertern in Fels und Erde stießen, die Landskrone hielt ihren Schatz verborgen. So ließen die Raubritter bald von ihrem Plan ab und ritten niedergeschlagen davon.

Als der Graf von Landskron von der Jagd zurückkehrte, sah er voller Schrecken, was mit seiner schönen Burg geschehen war: Rauch und Trümmer waren dort, wo vormals so prunkvolle Gemächer mit ihrer edlen Einrichtung jeden Gast freundlich empfangen hatten. Was aber für den Vater noch viel schlimmer war: Seine geliebten Töchter waren nirgends zu finden. Überall ließ er nach ihnen suchen. Sie aber blieben verschwunden.

Der Graf war ein kluger Mann. So ahnte er, dass der böse Raubritter die Burg zerstört und die Töchter entführt hatte. Sogleich ritt er schnell wie der Wind zum Gut des gemeinen Bösewichts. In einem Zweikampf mit dem Schwert wollte der Graf seine Kinder zurückgewinnen. So rächte er den Verlust seiner Burg, doch seine Töchter brachte das nicht zurück.

In den Ruinen seiner Burg durchsuchte der traurige Vater jeden Winkel und jeden geheimen Gang. Vom tiefsten Verlies bis in die höchste rauchende Zinne schickte er die Dienerschaft. Jedes Trümmerteil hob er auf und streifte über den ganzen Berg, während er die Namen seiner geliebten Töchter rief. Aber all dies sollte nichts nützen. Zwei Nächte lang trauerte der arme Mann und fand kaum eine Stunde Schlaf vor Kummer.

In der dritten Nacht fiel der Vater aus lauter Erschöpfung in einen unruhigen Schlaf. Als der Mond groß und rund am Himmel stand, erwachte er plötzlich wie aus einem Traum. Da sah er am Fußende seines Bettes eine hell leuchtende Gestalt. Ein wunderschönes, sanftes Licht ging von ihr aus. Das musste ein Geist des Berges sein. Wortlos ging die Geistererscheinung durch die Tür des Gemachs und hieß dem Graf, ihr zu folgen. Sie wies ihm einen Weg aus der Burg heraus, den Berg ein Stück herunter, zu einer Felswand hin. Da verschwand der Geist mit einem Mal und der Graf fand sich in seinem Bett wieder.

Deutlich erinnerte er sich an seinen seltsamen Traum. Sogleich sprang er auf und ging den Weg, der ihm auf so wundersame Weise gewiesen worden war. Er gelangte schnell dort an, wo der Geist verschwunden war. Gerade da tat sich die Landskrone wieder einen Spalt auf, sodass der Vater aus der Höhle die Stimmen seiner Töchter hören konnte. Er rief ihre Namen und überglücklich kletterten alle drei wohlbehalten heraus, direkt in seine Arme.

Es hat noch einige Zeit gedauert, bis die Burg wieder aufgebaut war. Der Graf entschied aus Dankbarkeit für die Rettung seiner Töchter, eine kleine Kapelle zu errichten. Sie sollte an der Stelle stehen, an der sich die Landskrone aufgetan hatte. Hier sollten fortan auch andere Menschen Hoffnung, Trost und Schutz finden. Und so steht die kleine, weiße Kapelle noch immer auf dem mächtigen Berg und erinnert an diese Geschichte.

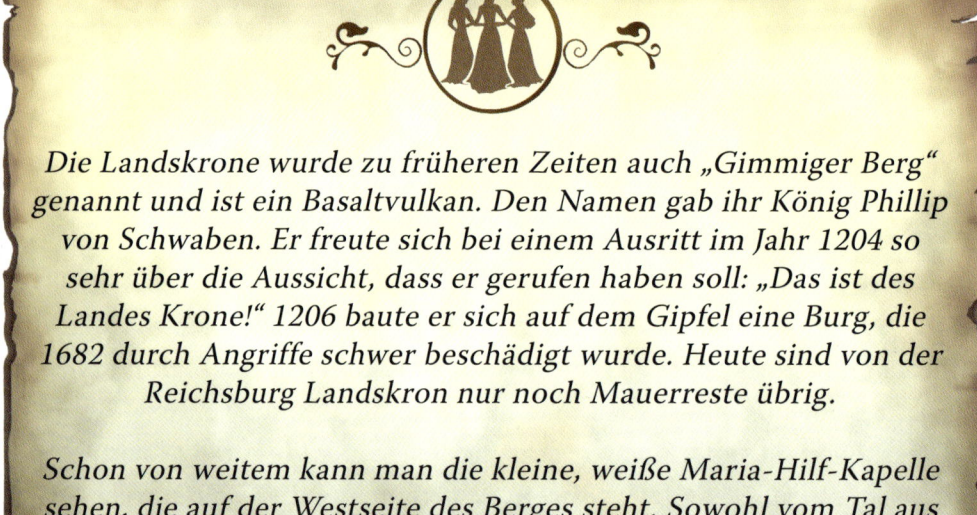

Die Landskrone wurde zu früheren Zeiten auch „Gimmiger Berg" genannt und ist ein Basaltvulkan. Den Namen gab ihr König Phillip von Schwaben. Er freute sich bei einem Ausritt im Jahr 1204 so sehr über die Aussicht, dass er gerufen haben soll: „Das ist des Landes Krone!" 1206 baute er sich auf dem Gipfel eine Burg, die 1682 durch Angriffe schwer beschädigt wurde. Heute sind von der Reichsburg Landskron nur noch Mauerreste übrig.

Schon von weitem kann man die kleine, weiße Maria-Hilf-Kapelle sehen, die auf der Westseite des Berges steht. Sowohl vom Tal aus als auch von der Autobahn A61 und den umliegenden Orten ist sie weithin gut zu erkennen.

Das Eifelgold
(Nord-West-Eifel)

In längst vergangenen Zeiten lebte auf einem Schloss in der Eifel die Prinzessin Genista. Sie kam aus einem fernen, warmen Land, wo sie ein gutes Leben genossen hatte. Burggraf Margrat hatte auf einer seiner Reisen Genistas Vater besucht, um die Hand der Schönen angehalten und sie mit auf seinen Stammsitz, das Schloss Margraten, genommen. Margrat war ein Mann mit kaltem Herzen. Jeder Tag mit ihm fühlte sich für die freundliche Prinzessin wie ein ganzer Winter an.

Genista bemühte sich, ihrem Mann eine gute Frau zu sein und Freude in sein Leben zu bringen. Doch nichts wollte den eisernen Grafen erweichen. Oft schlug er seinen Untergebenen die Peitsche durchs Gesicht und trieb seine Jagdgesellschaft über die Felder der Bauern, die diese gerade eingesät hatten. Viele Ackerpflanzen verdarben so, bevor sie ihre ersten Blättchen aus der Erde strecken konnten. Im Stillen hatten einige Bauern dem Grafen den Tod gewünscht. Der Grausame aber herrschte unbehelligt weiter, nahm seinen Untertanen gnadenlos ihre Güter weg und verprasste das Gold, das sie ihm als Pacht für seine Ländereien zahlten.

Wie die Jahre vergingen, breiteten sich im Land Armut, Elend und Leid aus. Die Bauernfamilien wurden immer ärmer und litten Hunger. Der guten Genista brach es das Herz, dass sie den Armen, Alten, Kranken und vor allem den Kindern nicht helfen konnte.

Währenddessen lebte Margrat weiter in Saus und Braus. Statt sich um das Wohl seiner Frau, seines Hof und seiner Pächter zu kümmern, ging er lieber auf die Jagd, feierte rauschende Feste im Überfluss und belud sich selbst mit kostbarem Schmuck und edlen Gewändern. Eines kalten Wintertages aber blieb er nach einer Wildschweinjagd vermisst.

Auf dem Schloss herrschte große Aufregung. Genista sandte alle Männer des Hofes aus, um ihren Mann zu suchen. Doch erst als der nächste Tag dämmerte, fand man Margrat tot unter einem Berberitzenstrauch. Was geschehen war, vermochte niemand zu sagen.

So blieb Genista mit dem Hofmeister Hartmut zurück. Dieser war ein hagerer Mann mit finsterer Miene. Die Bediensteten am Hof mieden den Griesgram, der am liebsten mürrisch murmelnd durch die Gänge der Burg streifte. Ebenso wie der verstorbene Graf war auch sein Hofmeister hart und unerbittlich. Ohne Gnade forderte Hartmut alles von den Bauern ab, um die Schatzkammern zu füllen. Während sich Berge von Schätzen, Gold und Talern in den geheimen Verliesen der Festung türmten, ging es den Bauern ringsherum immer schlechter. Die goldenen Fluten stiegen stetig und umspülten Wände, Säulen und Truhen. Die Gräfin fühlte bei diesem Anblick ihr Herz schwer werden: Es war ein gelbgoldenes Meer, das ihre Seele erdrückte und die Menschen leiden ließ.

Da fasste Genista einen Plan: „All die Münzen und das Gold kann der Hofmeister unmöglich gezählt haben. Wenn ich etwas davon nehme, wird er es nicht merken", dachte sie. Also füllte sie in der Schatzkammer ein kleines Säckchen mit Gold, das sie behutsam unter ihrem Mantel versteckte. Dann machte sie sich auf ins Dorf, um das Geld an die Armen zu verteilen.

Fortan nahm sie immer wieder heimlich einige Münzen an sich. Doch es sollte nicht lange dauern, bis der argwöhnische Hartmut die gute

Gräfin ertappte. Als er sah, dass sie seinen Reichtum verschenkte, wurde er zornig und verbot ihr den Zutritt zur Schatzkammer. Auch ließ er die Prinzessin fortan streng bewachen. So konnte sie keinen Schritt mehr unbeobachtet tun und verlor die Lust, überhaupt hinauszugehen.

Die Menschen im Dorf vermissten ihre gütige Gräfin. Man munkelte, dass ihr schweres Herz wie ein Stein in der Brust lag und sie an ihre Kammer fesselte. Deswegen nannte man sie „die versteinerte Gräfin". Es hieß, lange blickte sie jetzt schweigend von ihrem Balkon die Wälder hinauf und Täler hinunter. In der Nacht fand die arme Genista keinen Schlaf und eilte ruhelos von Gemach zu Gemach, hinauf in die höchste Turmspitze und hinab in den tiefsten Kerker.

Als sie eines Nachts erschöpft in einen unruhigen Schlaf fiel, hatte sie einen merkwürdigen Traum: Der Burggraf war begleitet von Hartmut und seinen Dienern zu Regierungsgeschäften geritten. Genista sah, wie er mit harter Hand über seine Ländereien und deren Angelegenheiten verhandelte. Da erschien ein greiser Herr in der Runde. Dieser trug einen golddurchwirkten Mantel in der Farbe der Sonne, der alle mit seinem hellen, edlen Tuch blendete. Seine erhabene Erscheinung ließ alle verstummen. Der Mann ging durch die Reihen und umarmte jeden – auch Margrat und Hartmut. Aber sowie er das getan hatte, fielen alle wie Puppen hinter ihm zu Boden.

Danach sah Genista den Alten durch ein Dorf wandern. Er beugte sich über die Wiegen, Tische und Betten. Alle waren niedergesunken in einen Schlaf, der kein Erwachen kannte. Ganz still wurde es im Land und alles Leben kam zum Erliegen. Dann fand sich Genista im Traum in ihrem Schloss wieder. Auch hier schliefen die Menschen und kein Geräusch war zu hören.

Weil es so still war, vernahm die Träumende plötzlich ein Rasseln aus der Schatzkammer. So schnell sie konnte, lief sie hin, um nachzusehen, woher das Geräusch kam. Fast schien es, als würde sie schweben, so leicht fühlte sie sich. Auch die massive Tür ließ sich mühelos bewegen.

In der Schatzkammer fand sie eine Truhe. Im Nu hob sie den Deckel, der leicht war wie eine Feder. In der Truhe saß eine Mäusefamilie. Die kleinen Tiere waren halb verhungert und schauten traurig zu Genista auf. Beim Anblick der hageren Mäusegesichtchen dachte die Gräfin an ihre armen Untertanen. Da fiel von Genista alles ab, was sie hatte erstarren lassen. Großes Mitleid überkam sie.

Als sie die armen Tierchen aus der Truhe befreite, fühlte sich auch die Schlossherrin befreit. Da führte ihr Traum sie weiter in den Stall. Hier sattelte sie ihr rotgoldenes Pferd, welches sie freudig wiehernd im Stall begrüßt hatte. Ihre Satteltaschen füllte sie mit so vielen Schätzen, wie sie nur tragen konnte. Dann schwang sie sich auf das Pferd und galoppierte frei zum Hoftor hinaus. Wie im Flug ritt sie über die Eifelberge und blinkend verstreuten sich überall viele kleine Münzen, Perlen und Edelsteine hinter ihr.

Die Nacht hindurch ritt Genista durch die ganze Eifel. Wie sie so auf dem Rücken ihres Pferdes dahinflog, fühlte sie sich immer unbeschwerter. Über Berge und in Täler, auf Wiesen und auf Felder – überall warf sie mit vollen Händen das Gold aus den Taschen hinaus. Jeder sollte es finden und genug davon nehmen können. Zum ersten Mal seit ihrer unglücklichen Vermählung befreite sich Genistas Herz. All die Finsternis, die sie umgeben hatte, schwand aus ihrem Gesicht und ein Strahlen kehrte in ihre Augen zurück. Sie lachte und atmete vor Glück tief auf, während sie die Sonne über den Wäldern aufgehen sah.

Da erwachte die Gräfin. Ihr Gemach war nun von einem goldenen Schein erfüllt. Die wundersamen Traumbilder in Gedanken sah sie als Erstes aus dem Fenster. Ihr Blick fiel auf einen goldgelb blühenden Strauch, der ihr seine feinen Äste zuneigte. Wie schön streckten sich seine ersten Blüten dem hellblauen Frühlingshimmel entgegen. Dieses fröhliche Leuchten drang so tief in ihre Seele, dass sie an ihren Traum dachte. Da beschloss die Prinzessin, dass ihr Traum Wirklichkeit werden sollte. Sobald sie sich angekleidet hatte, lief sie an den Wachen vorbei in die Schatzkammer.

Doch was sie dort fand, erschreckte sie fürchterlich. Von den Goldbergen war nur ein kleines Häufchen geblieben. Und die Truhe, die sie im Traum gesehen hatte, barg keine freundliche Mäusefamilie. Stattdessen zischte der Gräfin nur eine Schlange entgegen. Auch im Stall war es anders, als Genista es geträumt hatte. Das Pferd des gemeinen Hofmeisters war verschwunden und mit ihm sein Herr. Er hatte den Schatz genommen und sich über alle Berge damit fortgemacht. Die Schlange in der Truhe war ein letzter, böser Gruß an die arme Burgherrin.

Fast hätte Genista ihren schönen Traum vergessen. Doch das warme Sonnenlicht erinnerte sie an den alten Mann im goldenen Mantel, die armen Mäuse und den glänzenden Schweif aus wertvollen Schätzen, der sich hinter ihr ausgebreitet hatte. Da nahm Genista das übrige Gold, einige Münzen und Perlen an sich. Wie sie es geträumt hatte, sattelte sie ihr treues Pferd und ritt los, um die letzten Reichtümer ihren Untertanen zurückzubringen. Als die Gute das Hoftor passierte, erging es ihr wie im Traum und ihr Herz wurde mit einem Mal ganz leicht. Mit jedem Tritt ihres Pferdes wurde es unbeschwerter.

Die Bauern staunten, als sie die frühere „versteinerte Gräfin" erkannten, und der Jubel war groß. Alle lachten und sangen Lieder. Die gutmütige Landesherrin verteilte die letzten Kostbarkeiten aus der Schatzkammer. Genista schwor, niemals so habgierig zu werden wie der Graf oder der Hofmeister. So verschenkte sie nach und nach ihr ganzes Hab und Gut.

Als alle Reichtümer fort waren, sah man die Gräfin traurig in ihrem Schlossgarten sitzen und still die schönen Blumen betrachten. „Wie soll es nur mit mir enden?", hörte man sie leise seufzen.

Rund um die Festung sprach sich schnell herum, dass die Gräfin nun selbst hungrig zu Bett gehen musste. Da zögerten die Bauern nicht lange, machten sich auf zum Hof und brachten freiwillig alles, was sie entbehren konnten. In Körben und Säcken trugen die Kinder und Frauen Früchte, Gemüse, Korn und Beeren aus ihren Gärten herbei und halfen den Schlossgarten neu

zu bepflanzen. Die Männer beschafften derweil mit ihren Karren Futter für die Tiere der Gräfin. Für alles war nun schnell gesorgt – wenn der eine ging, klopfte schon der nächste an.

Genista aber nahm nur so viel, wie sie wirklich brauchte, und bedankte sich herzlich für jede Gabe. Weil die Burgherrin so bescheiden und freundlich war, liebten die Dorfbewohner sie sehr. So regierte Genista noch viele Jahre glücklich und zufrieden auf dem Schloss Margraten, das alle gern besuchten.

Im Frühling erblüht in der Eifel ein Strauch, der den Namen der Prinzessin trägt: Das ist der Ginster (planta genista). Die wilden Ginsterbüsche bringen jedes Jahr die Eifel mit goldgelben Blüten zum Leuchten. Dann sieht es vielerorts wirklich so aus, als sei Genista vorübergeritten und hätte ihre Schätze für die Menschen verstreut. Aber der Ginster ist nicht die einzige Pflanze, die an die Gräfin erinnert:

Im deutsch-belgischen Grenzgebiet zwischen Monschau und Hellenthal, im Olef- und Perlenbachtal, blühen im Frühling tausende wilde Narzissen und verwandeln die Landschaft in ein gelbes Meer. Das lassen sich viele nicht entgehen und besuchen die Täler, um den Frühling willkommen zu heißen. Man nennt dieses Naturereignis in der Gegend auch „Eifelgold“. Denn es sieht so aus, als hätte Genista über Nacht ihren Schatz über der Eifel ausgeschüttet.

EIFELER MÄRCHEN